(CIP）数据

，而是以另一种形式存在 ：放下生命 /
：译林出版社，2016.6
-5447-6297-7

Ⅱ.①苏… Ⅲ.①生命哲学 Ⅳ.①B083

图书馆CIP数据核字（2016）第082406号

老师文化事业股份有限公司
罗斯福路三段325号地下一楼
.lppc.com.tw

名 不是宣告结束，而是以另一种形式存在 ：放下生命
者 苏绚慧
辑 韩继坤
辑 苑浩泰
行 凤凰出版传媒股份有限公司
译林出版社
址地址 南京市湖南路1号A楼，邮编：210009
信箱 yilin@yilin.com
社网址 http://www.yilin.com
刷 三河市华润印刷有限公司
本 640×960毫米 1/16
张 12.75
数 94千字
版 次 2016年6月第1版 2016年6月第1次印刷
书 号 ISBN 978-7-5447-6297-7
定 价 32.00元

不是宣告结束，

苏绚

图书在版编目

不是宣告结束
苏绚慧著．—南京
ISBN 978-

Ⅰ．①不…

中国版本

授权者：张
台湾台北市
网址：www
《生命河流

书
作
责任编
特约编
出版发

出版社
电子
出版
印
开
印

译林出版社

目 录

第二部 坐看云起时

推荐序

生命河流的摆渡者

林绮云

生命是一连串失落的考验，
失业、失婚、失去亲人、失去健康，
看似失去外在事物，
其实是失去自我身、心、灵的某一部分。
在复原的路上，
承认失落，
寻找意义，
重整新自我，
重建新关系，
完成悲伤的任务，

将不难发现，

Less is more。

2004年间，我用了一年时间在所服务的学校完成兴建“悲伤疗愈花园”（简称愈花园，Grief Healing Garden）。花园的理念是教育民众能诚恳面对自己生命中各种失落事件，从与自然接触中学习自我照护之道；从社会互动、心灵咨询过程中，寻求人际或专业的协助。最终目的在于能与悲伤共渡，与忧愁和解，更疼惜自己；能在生命中的和解花园出口许下新心愿，重新出发。

然而尽管诸多因应失落的理论告诉我们，通过悲伤是一个自然且必要的过程，但它却是相当不容易的事，可以经由协助与陪伴过程（companioning）而达成。事实上，当生命发生失落或死亡事件时，走过生命幽谷往往是一条迂回而孤独的路。在我们的社会中，似乎并无一套适当的处理模式，从小到大，并没有人教导我们如何面对如此人生大事；一旦面对死亡，无论是当事人或陪伴者，多半束手无策。

本书呈现了病床边各种角色与人性的挣扎，呈现在我们的社会中，交杂着生死、人伦关系与文化规范的临终画面，告诉我们无论年龄多大，当送别父母时，我们“永远是孩子”。能坦然面对死亡是件不容易的事，除了文化规约使我们不擅长表达之外，每个人的需要不同。在《听见灵魂的哭泣》、《给一个表达的机会》等文中，我们不难看见临终当事人或陪伴者身心灵的各种需要。很多当事人停留在否认、讨价还价的悲伤反应之中，无法前进，逃避面对的结果，将会“让一切来不及”！

助人服务者的出现是弥补临终者家属或陪伴者的不足，《奇迹》一文巧妙地点出家属若能和谐宁静地陪伴临终者到终点，将是最大的“奇迹”。究竟要如何陪伴临终者，无疑地，作者在诸多故事中给我们的示范就是应用同理心的技巧。同理心（empathy）与同情（sympathy）不同：同情意指对当事人的处境感到难过，会丧失陪伴者或咨询者的情绪能量；而同理心能给陪伴者或咨询者能量，来理解当事人的想法与感受，而不是难过。最容易同时也是最难的同理心是倾听，意指能与当事人站在同一平台上，正视其立场，聆听其需要，并适当地表达出其想法，甚至满足其需要。我们几乎在每一篇短文、每一则生命故事中，都能看到作者贴近人心的同理能力，显然作者用一支温柔的笔、一颗同理的心，蕙质兰心地用不同的形式，关心了这个社会，也协助了一群面对死亡而束手无策的人，令人感佩。

这本书提供与悲伤相处、与失落和解、与死亡对话之道，是一本助人者该读的书；一本不谈悲伤辅导或咨询理论，却处处是实践理论的书；一本贴近人类心灵，深层呼唤的书；作者观察情境、人性的细致，悠然见于字里行间：不仅指出死亡文化的困境、情绪处理的漠视、人际关怀的僵化模式等，并诚恳表达了专业服务工作者在工作与良知上的冲突，努力调整自己的脚步，以取得平衡的心路历程与作为。

看这本书时，让我联想起去年参加一个读书会时读的一本书《流浪者之歌》，也是一本与河流有关的书。书中有一个摆渡者的角色，总是默默协助人们穿梭于两岸，数十年如一日，阅历无数生命。本书的作者一如摆渡者，协助临终者穿越生死门，协助家属与失落悲伤共处。与失落共处必然经验到悲伤之苦，痛苦的尽头经常是河流沉淀之后的清澈，滤过砂石之后的净水，生命风暴之后的平静。

在生命河流的流动中，且让我们担起摆渡者的角色，与同船共渡者一起流到生命的尽头吧！

本文作者为台北护理学院生死教育
与辅导研究所副教授兼所长

推荐序

在生命长河中相遇

洪莉竹

华人社会受到儒家文化与佛教文化的影响，很少直接讨论“死亡”，因此多数人并未培养出正确面对死亡事件的态度与能力。当一个家庭中有亲人染患重病或濒临死亡时，多数亲属的反应是：不想接受事实，害怕不安，不知所措。亲属为了减少自己的不安，便会一直做一些令他们自己觉得心安的事情，例如隐瞒患者的病情，寻求各种“秘方”延续患者的生命，要求患者配合亲属接受其他疗法等。可是大家都忽略了患者也会害怕死亡，但却必须孤单地面对生命即将消逝的恐惧，很少有家人会在患者生命即将终了之前，坐下来专心地听听患者的心愿与期望，陪伴患者做一些事情来减少不安或遗憾，让患者带着比较祥和宁静的心情离去。

如果家属挽回患者生命的努力无效，终究要面对亲人死亡的事实。当某个家庭有亲人亡故时，许多亲友都会用宗教的观点来安慰亲属："你不能哭，要不然往者会有牵挂，就不能安心地离去。""你应该为往者高兴，他是脱离苦海到一个快乐的地方去了。"人们期待用这样的想法来"超越生死"。我尊重并认同这些观点的价值，不过亲属需要时间来调适心情和重建生活秩序，人们却忽略了要陪伴亲属渡过这段过程，让他们未来的人生之路走得比较稳实。

华人社会对死亡的认识有限，人们既不善于处理与死亡有关的事情，事实上也未必能将自己的生活安顿得妥帖。在我们的社会里，"死亡"是不公开讨论的话题，多数人没有机会认真思考生命每一天都在消逝的事实，随俗地跟着社会价值观起舞，追逐着被社会大众认同的价值，如财富、权力、声望等，关注个人事业版图的扩张、社会地位的提升和财富的累积，岁月就在忙碌中流逝。每当在社会上闻人死亡时，也会激发一下人们对于身心健康和人生意义的讨论，不过这样的讨论很快就会平息，因为大家都很忙，人们很有效率地回到各自的生活轨道继续运行，直到下一次刺激到来。

二〇〇五年五月艺人倪敏然自杀身亡，引起演艺界很大的震惊。有一个综艺节目为倪先生制作了特别节目，邀请他在演艺界的好友到节目中来叙述他们与倪先生的相处故事。这些朋友在节目中细诉着许多陈年往事，来彰显倪先生的才华与贡献，他们对倪先生的艺术成就表示赞美，他们流泪对倪先生的过世表示遗憾，他们彼此提醒日后要多联系并互相关怀。当时我心里想：如果倪先生在生前就可以听到这些话应该更有意义吧！我们常常都是等到失去亲人或朋友时才感到懊悔：懊悔没有珍惜和他相处的时光，懊悔没有多关心他，懊悔没有及时伸出援手，然后遗憾地慨叹过往岁月的忙碌与盲目。

最近一年，我亲身经历几位朋友罹患癌症和数位长辈在意外情形之下死亡，加上多起专业人士壮年猝死的案例，我渐渐感觉到我和“死亡”的关联性逐渐增加。有一天我在研究室工作了一整天，身心俱疲，但是我仍然坐在计算机前考虑是不是要继续工作下去，突然间闪出一个念头：“你再这样不知节制地工作与忙碌，也可能会猝死的。”我被自己的想法吓出一身冷汗！我并不想死于壮年，我想要健康地活到老年，因此决心认真面对自己的生活。我的思考包括：我想要过什么样的生活，我要如何运用有限的时间与精力，我想和其他人维持怎样的关系，哪些人要多花时间陪伴，哪些人要主动联系，我要将哪些事情放在优先的位置，哪些事情要用心对待，哪些事情随缘就好，做些什么可以减少不必要的烦忧，增加生活的满足感。我经验到对死亡的害怕，因而重新学习生活。米奇·艾尔邦（Mitch Albom）在他的老师莫里（Morrie Schwartz）死亡前，与老师讨论生命与死亡的议题，完成了《最后十四堂星期二的课》一书，莫里曾说：“学会死亡，你就学会活着……”我深表同意。

本书收录了二十一篇故事，记录了绚慧与病人、家属、遗族、老人互动的经验，以及她在这些经验中的思考。绚慧在医疗机构和安老院所的工作经验，让她比一般人有更多机会近身接触衰老与死亡：与病人的互动让她理解到人面对生命即将消逝时的悲伤与恐惧；与家属的互动令她体会到人们要与家人分离时的不舍与无助；与老人的互动则让她贴近人衰老时的哀愁与孤独。本书呈现了一位助人工作者对人的生命本质的观照与体察，以及对助人工作者如何展现人性与他人互动的反省与实践。这是绚慧在专业发展过程中的学习笔记，有真挚的情感，有深刻的思考，我有幸先睹为快，也很乐意将本书推荐给读者。

最后以我过去所写的一段文字作结，并与读者共勉！

人生仿如一条长河，汩汩向前流去，
前行的路上会与许多人擦肩而过，
如果有幸相逢，何妨回眸一笑，
拾起人间的善意与温情，相互滋润深藏的内心，
前行之路较不孤独。

本文作者为台北师范学院教育心理
与谘商学系副教授暨心理咨询中心主任

自　序

河流的交汇

我不是什么理论或实务工作的大人物，以书叙说自己的所思所想、所作所为，究竟有没有其价值与意义呢？这件事我思考了很久。

我并不想因为社会地位、角色身份而看轻自己的经历，这并不符合我认为每一个生命都有其独特价值的信念。我也不希望曾经与我生命交会过的病人、老人、丧亲遗族的生命故事，没有在我生命中留下些什么就消逝了。基于这些信念，我还是叙说了一些对我来说深具意义的经验。

当我从事助人工作，面对无数个独特不同的生命时，我并非无缘由地就有一个想法、行动或信念，这些想法、行动或信念，常常来自于更早之前我所接触过的一些生命带给我的学习与体会。回首将近七年的助人工作生涯，我确确实实感受到自己生命的许多改变与成长。我想，每个助人工作者若有机会好好回顾那些在自己生命中留下一点足迹的个案，都会想起一些忘不了的面容神情、忘不了的话语、忘不了的情节、忘不了的悸动……这些生命何尝不是来帮助我们这些所谓的助人工作者更体察人心、更了解现实、更拓展视阈，也更贴近人性。这么说来，谁是谁的帮助者，实在很难定论。

我的内心是多么感谢我所遇见的那些人（病人、家属、遗族、老人、小孩……），他们和我一起建构我所认识的世界。长这么大后，我才慢慢体会这世界不是一个世界，也不是两个世界，而是有多少生命就有多少世界，每个生命世界都是独特不同的，就如曾有人所说的“一沙一世界”。我渐渐知道，我们是透过话语、叙说的传递，和别人一点一滴分享我们各自眼中所看见的世界；也因为分享和交流，我们有了不同途径去体会另一种生活面貌，另一种生命的展现。

这让我想到一个生命的隐喻河流。河是一条条蜿蜒流动的，每条河沿途所看见的风景皆十分不同，没有哪一条河能说它沿途的风景才算是最有价值的。而每条河的河水最后都将流至大海，让大海孕育更多的生命。大海可隐喻为生命精神与灵魂的交汇处，当生命河流相聚于大海时，生命因此缔造出意义，我们在其中奉献思想、意志、情感，一起创造更多的可能，然后让大海的丰富智慧又能回馈于河的运行，使河水永不干枯，川流永不停止。

在我看来，这就是生命相遇的美好。

我们一生会遇到各式各样的人，会有各种不同的因缘巧合，有的只是一面之缘，有的却是同窗数年，或是关系深挚的朋友、亲人，也有一些像我工作所遇到的对象，虽然相遇的时间短暂，却有极深的信任与认识，有人与人最纯粹最真实的互动。这就是我在此书想表达的，在我的生命河流中，我有幸遇到一些人、一些对象，这些生命为我扩展了自身生命的厚度与丰富。他们和我一起建构了我所认识的真实世界，也给我机会解构并松动我原本固定的思想与感受。我的生命有着无数生命的足迹，他们在我生命里笑过、哭过、沉闷过、开怀过。这多么令人感动。

我把这些经验写成了一篇篇的故事，借着故事创造一个真实、有意义的自我，一个期待被认识、被理解的自我。我期待人们经由我的叙说，理解一个助人者的世界与眼光，也理解我的生命如何持续开展、持续转变。当然，也期待人们从我的视阈里看见一些受苦、受困生命的挣扎与奋斗。我相信这些故事里可能有无数个人的影子，让人能有所感触有所思考。

这些文章的诞生，要感谢《张老师月刊》同仁的邀约以及出版部愿意将其集结成书，让我零散的经验有了连贯，成为更具意义的形式，让我的生命无论未来走向何处，转变成什么状态，都能看见自己是从何处走来，也能唤起曾有过的感动与助人使命的呼唤。

第一部 行过水穷处

河流的最后一程，
连接着大海，
那并不是宣告着结束，
而是准备以另一种形式继续存在。

永远是孩子

我看见的不是一位年纪超过半百的家属，而是一个孩子正为自己失去了世上唯一的父亲而悲伤。

我的爷爷在我十七岁那年过世，算算也过了十五年了。我的大姑姑曾经告诉我她梦见了爷爷，醒来后难过得哭了。虽然她没有详细地告诉我梦的内容，但我从她叙说的神情里看出那是一份对父亲、对亲人的思念。大姑姑不只梦见了爷爷，奶奶过世后好几年，她也常梦见奶奶。奶奶如今已过世二十一年。

我的大姑姑现年六十七岁，从她快满六十六岁那年开始，她便常向我提起奶奶死时只不过六十六岁。她的言谈之中有一份歉歔，觉得母亲（我的奶奶）辛苦地走过人生，却这么年轻，还未享福就死去了；而自己在不知不觉中，却已走过母亲当年生命终止时的岁数，生命的长短真是没个准。

大姑姑对于母亲的记忆，在奶奶六十六岁那年画上了休止符。在大姑姑心里，母亲永远是六十六岁时的模样，无论自己变得多老、年纪多大，心里想起的仍然是头发乌黑、身材瘦小的母亲。

我自己也有那样的感触，父亲死时不满四十四岁，记忆里父亲的样貌就停在那个时刻。现在的我跨过了三十而立之年，眼看就要走到父亲的生命终点时刻，但只要一想起父亲，心里面浮现的自己仍是那个赖在父亲身旁，向父亲撒娇、讨爱的小孩。

人要到多大多老时，才能不带伤悲地送走父母呢？当我们成人了，有了自己的婚姻、家庭、孩子时，当我们越来越能在社会上立足，有自己的一片天时，是不是就能不具有强烈情感、冷静地面对死亡与别离的发生呢？

我原本以为是这样的：只要父母亲活得够长够久，自己的身心长得够壮够大时，对于父母离世的遗憾与不舍就会较减少。但我忽略了一件事，对于一个孩子来说，他的父母是世上唯一的，无论何时，无论在世时是什么样的一段关系与情感，当孩子必须与父母彻底告别，从此宣告自己是独立个体，没有父母再做依靠与保护时，那都是一份切割与剥离。即使失去父母亲时他可能已是白发苍苍的老人，但心里仍是那个渴望父母呵护疼爱，不愿与父母分离的孩子。

让我领悟到这点的是一位家属带给我的经验。那天，这位家属的父亲在病床上咽下最后一口气，那一刹那没有任何家属在旁，因为没有人，包括医护人员都没有料到病人会在没有任何特别症状下默默地停止生命。

通知到的只有这位家属，这位家属的家就在医院附近，他是病人的大儿子。病人是一位年纪很大的老人，已经九十几岁，虽然是在医院死亡，但也可以说是寿终正寝，因为他最后的面容非常安详，让人看不出一点痛苦的神情。

推算一下，他的大儿子应该是一位几近七十岁的老人，他听闻医院给的讯息后，急忙忙地跑来病房，神情非常气愤，不停地质问为什么病床边没有医师在。护理人员不断地解释：医师已经来过了，并做了死亡的确认与宣布了死亡时间，因为其他病人有需要，医师先离开了。

家属仍然无法接受，不停地怒斥护理人员："你算什么？你是谁？竟敢在这里宣布我爸爸的死亡？你们什么都没做，就告诉我我爸爸死了？"

他的怒气引起病房的紧张，病房的其他护理人员紧急找到我，请我前往协助处理。

我到病床边时，见到的景象是这位怒气未消的家属不停质问护理人员；护理人员并没有被牵动情绪，仍然尝试以理性的口气和家属沟通：病人的死因是呼吸衰竭，且病人被送进病房时，已签署了不急救同意书，所以才没施以激烈的急救措施，这是自然病情的发展，并非意外。

家属无法听进去这些话，他似乎被封锁在一个狭小的四方空间内，一切讯息都流不进去。

我暗示护理人员我可以接手处理，我相信她面对太久了，需要喘息一下。于是病床边剩下我和这位大儿子。大儿子仍然对着我不停地指责着医院的不是、护理人员的不是，我感受到他激动的神情与口语中似乎隐藏着一份没有说出的悲伤，在他表达了一段话后，我回应了他：“这么突然，你一定没有想到！”

他停顿了一下，仍然怒气十足地说：“医院怎么会这样？这么不尊重我们，连我爸爸走了，都没有任何医师在旁边。我们当然知道爸爸生病了，会有这个时候，但不是这么轻率地处理嘛！”

“让你一个人这样面对爸爸的最后一刻，真是为难你了。”我说。

他的神情渐渐黯淡下来，望着父亲，默默地流下泪来。

在那一刻，我清楚又真实地看见他的真实感受，那是一份不舍与难过。于是我轻轻碰触着他的肩，缓缓地说：“你一定好舍不得他，即使知道他生病这么久了……”

他突然间哭了起来，双手紧握着床边栏杆，整个身体紧绷地说：“妈妈走了，你也走了……你走了，就剩下我一个人了……”

他哭了好一会儿。我没有打断他，我看见的不是一位年纪超过半百的家属，而是一个孩子正为自己失去了世上唯一的父亲而悲伤。从这一刻起他失去了父母亲，没有了依附，没有了联结，正如他的感受一般，他被单独遗留在这世上。

我深深理解这份情感非常难受，我陪着他，在旁边轻声地说："你失去了爸爸，你是这么舍不得他……"

我们一起望着病人，我抚摸着病人的手，对着病人说："阿公，你的儿子很舍不得你，你一定知道，希望你在另一个世界能祝福他，给他力量。"

我也对着大儿子说："你有话想对阿公说吗？"

他啜泣着："爸，你好好走，都没有痛苦了。"

我点着头："阿公都听到了。"

我们停在那里很久，静静地陪伴病人最后一程。

最后，大儿子转过头来对我说："小姐，谢谢你在这里陪我这么久，等一下我其他的家人都会来，我们会好好处理的。"

我知道我可以告别他们了。我说："阿伯，你要好好保重自己。如果有任何问题或需要，随时可以来找我。"

他静静地点着头。

向他们告别后，我更加体会到对于亲子关系来说，父母是永远的父母，孩子是永远的孩子。虽然在成长的过程中，孩子会因为要发展出个别化的人格性情及保有自己独立的思考与抉择空间，而和父母亲争执，但那并不意味着切断了亲子关系，在彼此心里的某个角落，我们都知道彼此是世上唯一的亲子。

所以，不只是大姑姑及我因为没有陪伴父母亲至晚年而惋惜、不舍与悲伤，就连这位家属已陪伴父亲至他九十多岁高龄，仍然是这般惋惜、不舍与悲伤，因为生下我们的父母亲是这么地独一无二，无人可替代。

也因为这样，无论死去的人多么长寿，甚至比一般人活得还久，他的孩子、孙子仍有悲伤的权利，也仍有权利哀悼他们失去了一个重要的亲人。那是再次确认亲情分离的真实感受，即使我们知道有一天我们也会死，有一天或许会在另一个世界与他们相遇相聚，但在这个世界，我们再也无法和他们聚首，无法再互相陪伴彼此的生命。

正因为如此，好好地悲伤一场又何妨呢？那正表达着我们独一无二的爱呀！

听见灵魂的哭泣

她不再挂念着该执著什么，也不再让遗憾与怨恨阻挡着她的灵魂获得自由，不管过去经历什么，她的痛苦与悲伤都安歇下来了。

生命一步步迈向死亡的晚期病人，常经历许多痛苦，不只是身体的，还有心理与灵性的痛苦。特别是身体方面的痛苦最为显见，可能有疼痛感，或是难以入眠、进食、难以翻身等症状，甚至出现“恶病质”(Cachexia)，发生严重的消瘦、贫血、全身衰竭、皮肤干枯等病症。

恶病质病人的痛苦很令人心疼，他们外表干瘦如柴，皮肤呈暗黄色，因为消瘦，他们的皮肤松松垮垮的，当你抚触他们时，可以清楚感觉到皮与骨之间没有任何的脂肪与肌肉。恶病质的病人常营养不良，不是他们不想吃，而是吃的营养很快就被恶性肿瘤抢去，正常的细胞一点都分不到。

也因为身体失去营养，病人常出现无力、无精神、生理时钟错乱等现象，还有睡眠障碍。

我不是医师，也不是护理师，只是个社工师，过去在学校学习助人专业学科时不会特别学习医疗知识，所以当我在临床工作时，我必须谨慎与敏锐地观察病人，也必须常请教医师或护理师一些简单的医学知识，好让我能知道病人在经历怎样的痛苦与不舒服。

真正让我开始对恶病质有深刻印象的，是一位住在七号病房的女性病人。她的恶病质让大家束手无策。她不仅承受肿瘤本身的疼痛，还得承受因为过瘦必须终日躺在床上的痛苦（骨头直接接触床，没有脂肪与肌肉可以缓和）；她一百七十厘米高的身材，体重却不到三十五千克，可想而知是多么不舒服与酸痛。

不只如此，她有严重的睡眠障碍，几乎没有闭过眼睡过觉，这才是最大的问题。如果有睡眠的话，清楚感受到疼痛的时间就会少一些，但她几乎没睡，这就等于她无时无刻不处在痛苦中，一刻不得闲。

好几个星期，医疗团队陷入苦思。病人难受，团队人员肯定也不好受，特别是主要照顾她的护理人员们。三个班的护理人员十分紧密与贴近地了解与照顾病人，当病人痛苦、难受时，那些景象会烙印在护理人员心中，她们是最直接承受病人悲伤与大量痛苦的人。

越是痛苦与无力，大家越是期盼能为这位病人做些什么，让她能得到好的休息，不过，总是无法顺利做到。

于是大家希望我能和病人谈谈，或许医疗的限制与其心理压力有关，谈谈可能会对病人有帮助。

我找了几天上班的时间去探望病人，想了解她的家庭状况与人际关系。但没想到我也遇到很大的限制，因为病人虽然无法入睡，却也不清醒，有点半梦半醒的状态。询问一句话，可能只得到她的上半句，却迟迟等不到下半句，若要追问，就必须呼唤她，再询问一次。

我几乎无法从她口中得知她任何的感受与想法。但我清楚地知道她很痛苦：我从她口中听见她说很痛苦，从她的神情知道她很痛苦，从她眼角的泪知道她很悲伤。

我问在她身旁照顾她的人和她是什么关系。对方回答我，她是病人的先生请来的看护员。我又问，病人的先生何时来呢？她回答我说不清楚，他好像很忙，很少来，不然就是要特别联络他，请他来。

我谢过那名看护员给我的讯息后，先告辞了。我想我需要和照顾她的护理人员好好了解病人的状况，或许可以获得一些有帮助的信息吧！

我听说她在小夜班的时间比较清醒，也较能谈话，于是我去找了小夜班照顾她的护理师，一起讨论照顾的方向。

护理师告诉我，这位病人虽然从发现疾病到住进缓和病房接受安宁疗护只不过短短一年的时间，但她的病历却厚厚一大本，犹如砖块。护理师仔细读着她的病程发展，发现她几乎这一年都是在医院过的。之前为了积极治疗肿瘤，开刀又接受放射线治疗，就住了三次院，每一次住院都两三个月。

“这么说来，这一年她几乎没有住在家里？”我问。

“是啊！”

“她现在三十五岁，有几个小孩呢？孩子多大了？”

“她有三个孩子，孩子都是青少年了，好像是十四岁、十一岁，老么大概七八岁吧！”

“三个孩子！曾来医院看过妈妈吗？孩子的生活照顾是如何安排的呢？”

护理师有点无奈地回答：“在我的班没见到，但其他班好像也没见到。我听其他班的护士说，病人的婆婆认为医院对孩子不好，而且病人的外貌变成这样，他们不想让孩子常来看妈妈，怕影响孩子的生活与心情。”

提到外貌，我顺势问：“无法改善她的恶病质吗？不能尝试补给营养吗？”

护理师更加无奈地说：“其实她吃没有问题，她也常肚子饿，一饿就要看护员买吃的给她。我看过她连吃七块面包，但吃完了，还是饿，而且也没有长出一点肉来，只能说她的恶性肿瘤实在太狠了，抢营养抢得很凶。”

我听得眉头越皱越紧，我感受到恶性肿瘤对病人无情的猛烈攻势，也感受到她的家人对她的无情对待。

我继续问："病人和先生的婚姻关系如何呢？"

护理师摇摇头，因为很少和她先生见面，所以也无从得知。这方面的信息明显缺乏。我请这位护理人员协助，若是在小夜班时段，病人的精神允许对谈，或许可以聊聊她的婚姻生活。

护理人员点点头说："我会看情况的。明天再跟你讨论。"

隔天，我一见到这位护理人员，她马上拉我坐下来说有重要讯息。

我集中精神聆听护理人员的发现与了解。

她告诉我，昨晚很幸运，病人的状况不错，所以她们聊了几近一个小时。我赞叹一声，这真幸运，让我们可以更好知道如何照顾病人。

于是，护理人员娓娓道来病人的故事。她告诉我，病人和先生结婚时才二十岁，那时她非常青春美丽，因为一百七十厘米的身材，脸蛋也好看，在先生的猛烈追求下，很快地他们就共组了家庭。

婚后一年，她便有了身孕，开始在家中全心当个家庭主妇，加上孩子一个一个来，她就更无暇分心，一直忙家里的大小事。这中间，她和先生偶有争吵，但她总不以为然，虽然和先生的距离感觉越来越远，但先生对她生活的供应从没有少过。

一直到发病的前一年，她开始注意到先生有晚归的情况，回家时常带着酒意。她密切地注意先生的举动，发现原来有第三者的存在，她觉得世界好像要毁了，她好害怕从二十岁开始就付出的家要分裂了。她哀求着先生不要这样对她，但先生不予理会，甚至开始对她拳打脚踢。面临丈夫有外遇，再加上先生的暴力相向，她陷入无止境的痛苦中。她失眠、自尊低落、自信全都消失，因为精神受到严重困扰，她的朋友建议她看精神科寻求协助。

她的病历有一大部分是来自过去精神科门诊的病历。

但无论医师开给她什么帮助睡眠的药物，她就是无法入睡。越无法入睡，精神状况越不好，并且开始有了一些不舒服、疼痛的症状。

精神科医师建议她不如做个详细的全身健康检查，也因为这样，在身体检查中发现肿瘤的踪影。

听着病人过去生命的遭遇，我的胃慢慢地沉重起来，像是有块石头压着，让我动弹不得。我的头也开始疼痛，因为病人的遭遇里有太多让人悲伤与愤怒的情绪。

我惊觉一件事，如果我没有亲身遭遇，都不由得悲伤与愤怒、无奈与叹息，那病人所经验的情绪一定是更大量的，而这么大量的痛苦情绪，又该流向哪里呢？如果病人现在没有力气再抵抗什么，没有力气再为自己维护什么，从过去便承受的悲伤、失落，与现在经历疾病折磨的痛苦又该如何表达呢？

我有一种直觉，失眠是这些庞大、复杂情绪的出口，虽然失眠也带来痛苦，但失眠正是这些情绪的象征。我随即问护理人员："医疗照顾的第一目标是什么？"

护理人员回答："先帮助她入睡吧！漫长黑夜不能睡觉，又不能惊动其他人，会增加不少痛苦的感觉吧！"

我又问："之前用药物的情况如何？"

她摇摇头，叹了一声："很不好。之前曾有一晚，药剂施打的量加起来足以让一只大象倒下。"

一个人和一只大象，我的脑海里冒出了这两个影像。我知道那个意思表示量已经很大了，几近极限。

我更坚定了我的想法：要帮助她睡觉，便要先让那些庞大的情绪有其他的出口。我赶紧将我的想法告诉护理师，请她协助我执行。我清楚知道，这只是我的猜测与计划，不代表一切会照着计划走，但无论如何，都要尝试看看。

我冲回办公室拿了一片心灵音乐，这片CD的旋律能引出内在深层的悲伤；与此同时，护理师也正准备芳香精油，希望借由其安抚疗效帮助病人安眠。

我将CD交给护理师，护理师计划晚上八九点执行，希望能帮助病人一夜好眠。

护理师问我，她该说些什么呢?

我回答："话语越少越好，你只要告诉病人你会在旁边陪着她，她可以安心。另外，音乐会引发悲伤，请你邀请病人一起聆听音乐，如果在聆听音乐的过程中，病人流泪哭泣，你就轻抚着她的手与脸告诉她：'你受苦了，让悲伤流出来没有关系。'你只要重复着这句话：'你受苦了，我知道你受苦了……'"

护理师认真地听我的指示，深深地点头表示她的理解。

我对护理师说："因为你和病人之前有一段深谈，你对病人表示的心疼与抚慰是十分重要且具有意义的。"我不忘再加上一句："辛苦你了，你要陪伴病人经历悲伤也是一件沉重的负担。”

护理师笑了一下：“希望这一切能帮助到病人。”

我顺便和她约了明天了解情况。

离开病房之后，我心里一直惦念着这件事，起伏的心情不禁让我暗自祷告，希望安慰受伤心灵的神灵能帮助护理人员，也能抚慰病人的伤痛。这已是我们的最后一步了。

隔天早上，我怀着忐忑不安的心情去找护理师。远远就看见护理师的神情有着喜悦与放松，我心里跟着松一口气：是好结果。

护理师告诉我，她邀请病人一起聆听音乐，她对病人说，这音乐能帮助人身心放松，所以若有任何情绪就让它自然地出来，她会在旁边陪伴着。

护理师握着病人的手和她一起聆听音乐。

随着旋律，病人开始表达出悲伤，她默默地流下泪来，手也握紧了护理师。

护理师温暖又轻柔地对她说：“你受苦了，我知道你受了许多苦……让悲伤出来，让眼泪出来吧！你那么地辛苦又受苦……”

病人终于获得一个机会好好地哭一场。

更重要的是，有人承认与允许了她的悲伤存在。

之后，病人深沉沉地睡去，护理师没有打扰她，仍在旁边陪了她一会儿，直到确认她真的睡着，不会惊醒。

我听到这些，感动得说不出话来，眼泪在眼眶里打转。我问:“用药物辅助了吗？”

护理师摇摇头:“没有。昨天一支针也没有注射。”

我高兴地流下眼泪，情不自禁地拥抱了护理师。我想谢谢她的辛苦与耐心，同时也满足于我们完成了希望。

病人后来没有经历几天的痛苦便离世了。虽然医疗团队中许多人觉得病人的死其实带着许多无奈与遗憾，但我和那位护理师却有不同的感受，我们体会到病人的放手与放心。她不再挂念着该执著什么，也不再让遗憾与怨恨阻挡着她的灵魂获得自由，不管过去经历过什么，她的痛苦与悲伤都安歇下来了。留着一口气在，并不能真的挣回什么；留着一口气在，并不能让先生回心转意；留着一口气在，并不能真心实意地占着名分。放手，是一种想解脱与重获新生的决定。

我和护理师并没有陪伴病人太久，也没有多少机会可以倾听病人自主意识下的理智表达，但我们听见的却是病人由不同频道发出的声音，那是来自灵魂的声音，是心灵破了一道伤口的悲伤与疼痛，是灵魂深层的哭泣声。而这样的悲伤却深深让病人受苦。

因为照顾这位病人的经历，我明白了医疗不能完全地因应病人的需要，病人是身体、心理与灵性的总和，甚至大过于这个总和，如果只以医疗的角度分析病人，只以药物的供给施以疗愈，是不够的，也不符合人全面的需要。身为一个医疗工作者、助人者或照顾者，不能轻视与忽略心理与灵性对病人的影响，也不能漠视自己对于心理与灵性的敏感与学习！

说与不说之间

我虽然在当中因陪伴而流泪，但也同时感到欣慰，因为我真实地体会到“知道生命有限”的意义，也真心实意地参与到一段疾病告知的互动过程中。

如何告知临终病人他的生命是有限的、他的疾病已没有治疗的可能，向来是棘手的问题。西方世界对于病人自主与知晓的权利充分尊重，的确令人欣羡，这代表病人是自己身体的主人，有权力知道任何施行在自己身上的一切医疗行为，更有权力参与讨论与做最后决定。

这样的人权思想来到台湾之后，引起人们的共鸣。只要去看过病的、住过院的都有类似经验：被一堆听都听不懂的医学专有名词搞得混乱，心想就交给医师吧！因此也不多问了。我还听过别人告诉我，他曾想再问清楚，却换来医师的一句："问这么多，是不是不信任我？不信任我可以换医师啊！"吓得病人不敢再多问一句。

许多人致力于倡导病人的自主意识，也推动着病人有知的权利，因为唯有清楚了解疾病、治疗方针，病人才有充分的依据来为自己做决定。

这信念与动机原是好意，但执行的人却不一定能掌握精神。我发现临床上变成两派人马，各有拥护者。一种是过度积极，另一种则过度消极。过度消极的人，可想而知，就是秉持着传统思想，认为医师权威最大，既然是病人的主治大夫，除非他说，否则没人可以说。所以医师若认为不需要让病人知道病情，也不需花时间替病人解释治疗方向，那么，是什么疾病、会如何治疗、如何进展便会成为"无头公案"，无人处理。

但过度积极的人，也形成另一波危险势力。他们为了说而说，为了表示自己做到尊重病人的自主权而说，这样的说，却也形成了对病人的另一种伤害。无数位病人告诉我，他被告知疾病时的惨痛经验，有人说医师直接告诉他："这病没救了，你回家处理一些后事吧！"也有人说护理人员问他："你知道自己为什么开刀吗？"病人摇头，护理人员紧接着说："是胃癌呀！没人告诉你吗？"也有人说医疗人员没有情感，好像只是宣告着一篇公文似的说："我们这里不能做些什么了，你们回家吧！反正在这里和在家里也是差不多的。"

当然，我相信有时候是说者无伤害的心，听者却有意。但这样的"听者有意"正说明着病人的内心是如何地不安，又如何地恐惧与担心。

我曾遇过许多病人要求我告诉他们病情，也有许多病人对我提出疑问，像是：为什么疾病这么久都不好？为什么无法出院回家？为什么我还是这么不舒服？

无数个不同的时空，我倾听着病人各种脆弱、不安的心情，既想知道又怕受伤害的心情。我总是小心拿捏着告知与不告知之间的尺度，小心地观察病人的神情、语气与举止，我相信这些吐露着重要信息：病人是否准备好接受坏消息、病人是否有承受度、病人是否已有所猜测、病人是否有够强的支持度支持他接收讯息……

我更相信一件事，疾病告知并不只是“说”与“听”这两件事而已，不是只要有一个人说了，有一个人听了，这件事就完成了。疾病告知应该是一个过程、一项艺术，在这过程里，我们求善求好的结果，希望没有人在过程中受伤，过程里便要有双方的投入与专注，是一连串相互说与听的过程。有时，并不需医疗人员明确告知，反而是病人主动说出他的觉察与发现，而这觉察与发现正巧是他的疾病情况。

不仅如此，临终病人的疾病告知需要许多的默契与信任关系。告知并不意味着要放弃病人，要病人依靠自己，而是让病人知道生命是有限的，更重要的意义是要让病人意识到他必须把握时间，完成他生命里尚未完成的重要事情，也让他可以思考当生命真的走到最后一刻，他希望被如何对待，是不是应该拒绝强制的医疗行为，不做无谓的挣扎与折磨。

这么有意义的信念，可不是靠着一两句话就可轻松达到的，也不是只要说了疾病的现实状态，病人就知道该怎么办了，这过程需要陪伴、理解与谨慎的心。

即使西方的人权思想值得我们贯彻与推动，但也不能忽视我们文化长期以来的影响。过去的文化不能谈死，也不能说坏消息，传统告诉我们和病人谈死是不孝也是不敬，使得许多人面对晚期病人只能强颜欢笑、若无其事，或说些隐瞒的话。

这是我们社会形成已久的做法，虽不合理，同时也导致许多病人死时还不知自己为何而死，但我们不能忽略因为文化的影响，有许多人尚未有足够的准备与承受力来聆听非常坦白的告知。如此，不仅多蒙上一层阴影，也造成病人在极度恐惧下的退缩与自我封闭。

我也遇过数次这种文化与疾病告知之间的冲突。

有一次，我突然面对一位病人的号啕大哭。那时，我正在关心他对面病床的病人，被这位病人的大哭吓了一跳，我隐约感觉似乎和刚刚离开的一群医护人员有关。我急忙告诉我正在关心的病人，我必须暂时离开，先关心那位正在哭的病人。

我急急忙忙来到病人的旁边，拉了一把椅子坐下，轻缓地问:“阿伯，发生了什么事让你哭得这么伤心？”阿伯哭得惊天动地地说:“我完了，我完了，我要死了……哇……哇……”

我想知道事情的整个来龙去脉，但又担心病人现在的状况很难静下来对话，所以我决定先处理情绪:“阿伯，我看你好伤心好难过，先哭一下好了。”

病人继续大哭:“我完了，我要死了……怎么办……怎么办……”

我等他情绪较为缓和之后，问他:“阿伯，你是听到什么或感觉到什么了吗？不然你怎么会认为自己完了，要死了？”

病人带着哽咽的声音说:“刚刚医师跟我说的啦！”

我听后颇为震惊，这个病房虽不是每个医师都受过疾病告知的训练，但据我了解，病人的主治医师是一个满有耐心与爱心的医师，再加上其他受过训练的专业人员，应该不会太草率地告知病情才对。

我进一步问:“阿伯，我想知道你听到了什么，你可不可以告诉我医师是怎么说的？”

阿伯还是哽咽，但语气较为镇静了:“他说:‘你是得了不会好的坏病。'”

“他还讲了什么呢？”我继续问。

阿伯摇摇头：“他就只有这样说。”

“只有这样？”我再次确认。

他点点头。我松了一口气，因为这样的说法还算温和，虽是告知实情，但并没有说些恐怖与令人惊骇的字眼。我的紧张与忧虑因此解除不少。我温和地说：“阿伯，听到医师这么说，让你想到什么？”

“我想到我时间不多了，还有好多事没有做。”病人有点懊恼。

我回应：“你听到医师这么说一定很担忧，过去你从来没想到自己的病不会好，是不是？”

病人点点头，皱着眉头说：“是啊！我的孩子们总告诉我，我的病会好，医师会有更好的药、更好的治疗方法让我的病康复。”

“你很相信你的孩子们。”

“是啊！但是我住院的时间越来越长，每次问他们为什么还不能出院，他们就叫我不要想太多，不要往坏处想。”

“那么，今天医师是第一次主动跟你说的啰！”

病人叹了一口气："不是，是我问他的，我趁女儿出去买东西，没人阻挡我，然后自己问医师的。"

我不禁吃惊地睁大眼睛："你主动问的？"

"对啊！我看每次问都问不出结果，干脆直接问医师好了。没想到，结果是我……我快要死了……"阿伯说到伤心处，又开始大哭。

"阿伯，阿伯，我想知道问这件事对你来说很重要吗？"我一边轻拍着他的肩一边问。

他大力地点着头："当然重要啊！我若是知道自己的生命有限，很多事我要尽早安排啊！"

"要是重来一次，时间退回去，这一切还没发生，你是想知道还是不想知道？"

阿伯被我的问话吸引住，突然停止哭泣，非常认真又笃定地说："当然是要问的。"

我微笑着说："所以，你不是后悔为什么要知道，也不是不想知道，只是，当确定自己的病不会好了，我们都会吓一跳，一时间不知该怎么反应才好，对不对？"

病人点点头，深表同意。

我握起病人的手，专注地望着他问："阿伯，你现在听到你想知道的事了，你愿意跟我分享吗？你会做什么安排，会做哪些之前没有做的事呢？”

病人缓缓地说：“我要安排我那些房子给我的孩子，还要交代他们我想要怎么办后事，还有告诉他们要好好照顾自己，爸爸先走了……”

我听了觉得很温暖，也深深感受到病人对孩子的爱与牵挂。我回应病人：“阿伯，听你这么说，我发现这些事是你心里的大事，不论我们会活到哪一天，这些事都值得我们好好和孩子谈一谈。我想之前他们不敢跟你谈，是因为他们担心影响你的心情，但我现在感觉到的是你的勇气与爱。你是有力量和他们谈的，是不是？”

病人微笑着对我点点头。

就在这个时候，病人的女儿提着便当走了进来，她无法弄清楚我们在谈些什么。

我拉着他女儿坐下来，告诉她：“爸爸有些话想对你说。”

女儿一坐下，便十分不安地问：“爸，什么事？你哪里不舒服吗？”

病人摇摇头，大大地喘一口气说：“医师跟我说我的病不会好……”

女儿听了大惊，激动地转过头来看我：“谁跟他说的？怎么跟他说这个？”

我轻轻触摸她的背，希望她先听我说，我告诉她：“是爸爸主动问的，他忍耐很久了，医师其实也只有说到这个病无法完全康复而已。我刚刚与爸爸谈过，发现这件事对他来说很重要，也很有意义，我希望你能坐下来和爸爸好好面对面。”

在我解释的时候，女儿的眼眶早红了，眼泪也早已静静地滴落。

我知道这个时刻是非常痛心的，要亲耳听到爸爸交代后事、交代一些心里的话。我没有马上离去，这个时候，不论是病人或家属，都会深刻地感受到内心的脆弱与悲伤，他们都需要支持与陪伴。

女儿试着让自己的心情暂时平复，勉强地微笑着对病人说：“爸爸，你想告诉我什么？想说些什么？”

病人的神情散发着无尽的慈祥，他柔和地看着女儿：“我想跟你说，你妈妈走了后，我拼命地挑水泥盖房子，然后买房子，就是希望能给你们每人一间房屋，以前你妈妈命不好，我无法给她自己的房子，现在我做到给你们一人留一间房子，希望你们能安定地好好生活，不要像你妈妈一样吃苦。”

病人讲到这里，女儿已经泣不成声；而我，也难耐悲伤来袭，眼泪不自主地大颗大颗滑落。怎么忍耐得住呢？人间的亲情、真挚的情感在我眼前活生生地展现，我内心被他们的爱感动，也被他们有勇气一同面对所撼动。这是很奇妙的，当我们接近死亡，我们也同时靠近生命，靠近彼此的心灵，靠近那美好的交流。

这次，女儿终于没有逃避，完整听完爸爸要交代的话，也感受到爸爸的心意。这十分不易，要忍受内在疼痛与不舍的感觉，按捺心里想回避悲伤的念头，安静地坐下来，沉住气，好好倾听爸爸的每句话。

我虽然在当中因陪伴而流泪，但也同时感到欣慰，因为我真实地体会到“知道生命有限”的意义，也真心实意地参与到一段疾病告知的互动过程中。更让我喜出望外的是，病人和女儿的贴心情感成为我继续关怀失落、关怀悲伤、关怀死亡的动力，因为我相信，死亡绝不是为了伤害我们而存在，而是为了让我们靠近生命，感受与发挥生命的光与热而存在。

奇迹

能完成奇迹的神力早就存放在我们身上，只是我们从来不看自己能如何创造一个会带来美好生命的奇迹。

世间的人都心怀中乐透的愿望，许多人对上天、神明祷告祈求，希望能给他灵感，好使他签中一支千万富翁的乐透奇迹实现。但是，那么多人祷告祈求，上天应该听哪一个人的祷告呢？若是上天应允所有持有这种愿望的人的祷告，会出现什么情形呢？以千万、亿万的奖金平均分给所有祷告获得应允的人，平均每个人只得到十七块钱。

若是每人只得到十七块钱，还会有人心满意足地认为自己愿望成真吗？还有人会因此感谢神施行奇迹吗？

这荒谬的情节是电影《冒牌天神》中的一小段剧情。一直遇到倒霉事的布鲁斯因为埋怨上帝无能不公，而被上帝找去当“代理天神”，让他试试当天神的滋味。

布鲁斯拥有神力之后，根本无心聆听人的祷告，他只顾着靠神力运作一些小动作，好把自己失去的主播职位要到手，然后恶整他工作上的敌人。上帝询问他：“当了天神一个礼拜，你帮助了哪些人？”他回答：“我总要先帮自己，才能帮别人吧！”

这一句话道破人性的软弱与私欲，向来一直埋怨天神不公、不做事的人，当上了天神之后并没有高明到哪里，甚至因为懒得听人的祷告，一概以“Yes”答复，使得世界沦为疯狂境界，完全失去次序与平静。

拥有神力的布鲁斯，可以瞬间让脑袋所想的事成真，只要不违背神对他声明的两个规定：“不能说自己是神”、“不能改变人的自由意志”，其余的他都可以任意而为。完全能心想事成的布鲁斯虽然高兴、骄傲、得意忘形，但他的快乐没有持续太久。深爱他的女朋友，感受到他并不珍惜他们的关系，只顾着追求个人的成功与名声，决定离他而去。布鲁斯无法以神力改变女友的自由意志，他只能无能为力地面对这个失去。

他再度质问上帝，为什么他拥有了神力却没有办法让他所爱的人不离开他？于是，上帝开始和布鲁斯讨论“神力”。上帝说：“人们常要奇迹，却不知创造奇迹的神力就在自己身上。”上帝又接着说：“将番茄汤（暗喻红海）分开并不是奇迹，那是魔术。一个吸毒的人能恢复健康，一个辛劳工作的单亲妈妈却还能拨出时间陪孩子打场球，那才是奇迹。”上帝要布鲁斯体会到无须倚靠神力，他一样能创造奇迹。上帝同时希望布鲁斯看见自己身上的恩典，能带给身边的人欢笑，这是他独有的能力。

看了这部金·凯瑞主演的搞笑电影，笑中有泪、泪中有笑的同时，心里却被电影所讨论的“奇迹”深深撼动。在人生的过程中，我们总有要不完的东西，并且希望这些东西都能照着自己的心愿来临。我们希望有个好工作、好伴侣、好家庭、好名声、好地位；我们希望一切都顺利，照着自己的想法实现，最好不需要付出什么、改变什么、调整什么，一切的好事都能从天而降。

曾经听人说她有一个好老公，不管她如何任性、如何小孩子气地乱发脾气，她老公都能接受，她很感谢老天让她有这样的好老公。有人询问她："那你想过如何成长、如何改变情绪的表达方式吗？"她一口回绝："这太难了吧！我这样已经太久了，反正老公可以接受啊！"

听到的人无不捏一把冷汗，生怕哪天她的先生再也忍受不住，拂袖而去。

这的确是人的本性，在"自我中心"的位置上，眼光看见的只有自己的需要，其余的人都是生命舞台的配角或背景，那些人感受到什么、经验些什么都不重要，重要的是，我不受影响、不需配合，也不需改变。

这部电影同时也将我的思绪拉回过去的一段记忆，我想起一位病人的先生在病房外的休息椅上对我说："你看着，会有奇迹，到时我会告诉你。"

想起这句话，我的心还是会感觉到疼痛、辛酸与难过，我想起了这位先生的妻子——一位罹患胃癌晚期的病人，她在病床上号啕大哭、痛不欲生的画面仍然清晰地烙印在我的心坎里，难以忘记。

让病人如此痛苦的原因不只是疾病的折磨，还有关系的折磨，当四周的人只在乎与关心疾病会不会复原，而不在乎病人承受些什么、感受到什么时，病人的心碎与悲痛怎么也按捺不住了。

那是一个早晨，大约九点钟，我走进了病房，要去探访护理人员转介来的这位病人，因为她已持续哭了好一阵子，无论别人如何询问与关心，眼泪仍是止不了。

从护理人员过去与这位病人接触的经验中，我得知病人夹在妈妈与丈夫的冲突关系中，面对这两方强大而激烈的势力，她更显得脆弱而娇小。只要妈妈和丈夫一起出现在病房，远远地就可以听到病房内的争吵声。这些争吵常是互相的指责，妈妈怪罪丈夫没有把她的女儿照顾好；丈夫则批评岳母除了会骂人，什么也没有帮上忙。争执多了，双方开始形成王不见王的局面：他来她就不来，她来他就不来。而这样的情况之下，最受苦的仍是病人，夹在中间左右为难，甚至，大部分的时间变成她一个人独处，因为他们两方都不愿多来病房，以免遇见另一方而招惹不愉快。

但冲突没有因为这样而减少，病人的妈妈开始怀疑女婿可能有外遇，以致对女儿不闻不问，毫无关心。病人的先生听闻岳母的怀疑，气急败坏，认为自己总要工作以维持开销吧！并且，为了找任何能让病人复原的方法，他一直努力打听，从来没有松懈，他真是不能理解岳母怎么能如此随意猜测。

我心疼病人承受两方的角力，她根本没有力量去为两方缓解什么，大部分的时间，她只能沉默地忍受，等待风暴过去。

在走进病房之前，我臆测着是否是因两方的冲突而让病人情绪崩溃呢？

一走进门，我看见病人坐起身，趴在横跨于床上的用餐板上啜泣，感觉她的情绪并没有缓和下来。我坐在她床边，轻轻地抚摸她的肩。她稍微抬头看了我一眼，随即又趴下去哭泣。

我问："发生了什么事？我看见你好伤心……"

她没有办法讲话，还是哭泣。

我想让她好好地哭一下，所以不再问话，只是陪着她。

就这样过了好一会儿，她才缓缓地告诉我，她很痛苦、很不舒服。

我听了很紧张，如果病人是因为生理问题感觉不舒服与疼痛，那么更需要的是医师或护理人员，而不是我。我赶紧问:“是身体不舒服吗？告诉医师了吗？我去找医师来好吗？”

她听了摇摇头，激动地哭了起来:“不是……不是，是我先生一直叫我吃他托人买回来的健康药锭。”

“健康药锭？做什么用的？要吃多少？”我十分疑惑。

“每次要吃四十几颗,他说……可以治愈我的癌症，他说……有人是这样吃好的。可是……吃这个，让我好痛苦,我的胃被磨得好痛,一直痛,然后一直吐……”

我听后，很难过，这是多么受苦的经验，不仅是身体受苦，心灵也受苦。我问病人:“你拒绝过吗？你告诉过先生吃这些药会让你很难受、很不舒服吗？”

她点头，眼泪止不住地直落:“说过，但他不接受，他说我没用，又说我任性不吃苦，所以病才不会好。”

我知道不能单凭这一句话来断定他们之间的关系是好是坏，但我知道这样的一句话对病人来说是何等的伤害，我心疼地说:“你一定受了很多委屈，忍受了很多苦。”病人是胃癌，可想而知吞一堆药对她的胃造成了很大的负荷，我的心里不由得泛起一些生气的感觉：对那些不考虑个别状况却坚称他们的药对任何病情都有神奇功效的人生气，他们一定不知道有人、有家庭会因为他们声称的“奇迹”而受苦,甚至倾家荡产。

病人抬起头，脸上满是泪水，几近哀求地对我说：“你去告诉他好不好？你去告诉他不要再逼我吃了，好不好？”

看着病人虚弱与哀伤的神情，我点点头表示，我会找她的先生，和他谈一谈，让他了解她所承受的苦与痛。

病人终于慢慢地平静下来，我要她躺下来好好休息，因为她看起来实在好累好累。

下午，我依着和病人先生约好的时间来到病房，他正在病房里头嘱咐着病人不要偷懒，一定要按时、按分量地吃那些药锭，病人漠然躺在床上，不发一语。

我邀请他到病房外坐下，把上午我看见病人所受的痛苦告诉他，我想和他商量，是不是可以尊重病人、体谅病人不想吃这些药锭，停止那些要求的行为。

他立即说：“不可以。你不要相信她，我和她生活这么久，知道她是怎样一个人，她任性、不能吃苦，事实上，这些药锭根本不会让她这么难受，完全是因为她没有坚持的心。”

我很讶异听到他说出这些话，我也了解到病人为什么觉得她再怎么表达都没用。我严正地说：“先生，我相信你太太的陈述，因为今天早上，她状况真的很不好，也吐了很多次，我希望你能了解，这么做对她并不是最好的。”

他话题一转，忽然问我：“苏小姐，你相不相信奇迹？这里有没有发生过奇迹？”

我苦笑了一下，这种试探性的问题，无论怎么回答都可能演变成辩论，这可不是我的本意。但我还是回答了他：“我相信可能会有奇迹，我知道许多人做了许多的见证表明奇迹的存在。而在这个病房，的确大家都希望有奇迹，也四处找寻奇迹，但几乎所有人都是失败的，被赚了许多钱、花了许多时间后，病人仍是离开了。”

他不以为然地摇摇头，十分坚定地对我说：“那是因为他们找错了方法，所以没有奇迹。”

我想再将话题转回病人的意愿与受苦问题上，我说：“无论结果如何，现在这样强迫病人吃这些药锭，都会给病人增加痛苦……”

他没有等我说完，便说：“你看着，会有奇迹，到时我会告诉你。”

似乎没有任何讨论空间，也没有转圜余地。我很失望是这样的结果，却无可奈何。告别前，我的最后一句话是：“如果你真的让奇迹发生了，那么请来告诉我，让我知道我是错的。”

我当然没有等到他来告诉我“奇迹”发生了，我等到的是病人的情况急速恶化，没有多久就离世了。离世对病人来说或许是个解脱，为她解脱无法逆转的病痛，为她解脱长期纠结的母女、夫妻关系，也为她解脱不被了解与呵护的痛楚，更为她解脱背负完成奇迹的责任。

而我，从看见病人死亡的告示那刻开始，到现在，仍是无限感慨与欷歔。我想，对病人来说，她要的奇迹并不是能活得天长地久，或许她要的奇迹是，有一个懂得呵护她、懂得信任她、懂得陪伴她的丈夫；她要的奇迹是妈妈与丈夫在她人生的最后一段旅程，可以不必针锋相对，可以不必互相指责怪罪，可以和谐宁静地一起陪伴她，或许这就是最大的“奇迹”吧！

这些重要且美好的“奇迹”，我在人世间没看过几回，我常看见的是一股脑儿找着名医、名药、秘方来拯救性命，却失去好好陪伴亲人、靠近生命、体会爱的人们。

或许，人们真的无法学会如何分辨什么样的“奇迹”值得我们去追求，值得我们去努力，所以往往把时间与精力花在易看见成果、却不能长存的事物上，浪费了生命最想让我们明白的事。

《冒牌天神》这部电影正呼应着我这样的经验与想法。能完成奇迹的神力早就存放在我们身上，只是我们从来不看自己能如何创造一个会带来美好生命的奇迹，总是不切实际地寄望“魔术”，为了这样的“魔术”付尽代价，却不见得真的获得了幸福与美满。

两样文化两样情

她以一种坚毅、温柔的神情望着儿子的面容，蛮有爱地抚摸着儿子的脸庞说：“你辛苦了……我知道你尽力了！”

有一阵子，不只是我，几乎那些在医疗领域工作的同事、朋友也是一样，热衷于观赏电视台所播放的日剧《白色巨塔》。

《白色巨塔》是依据日本作家山崎丰子在二十世纪六十年代发表的同名原著改编的。故事内容围绕着在一间富有声誉的医学中心内，发生的那些不为外人所知的权力斗争。这出戏的剧情冲突性高，在人性的阴暗面与光明面间游移，借着选拔教授一职的人选、医疗纠纷事件，让观剧的人看见自己内在的某一些冲突、对立面，经由电视剧里的人物角色反映出来，让人看了心有戚戚焉，深受震撼。

特别是在医疗领域工作过的人，对于剧中那些医疗权威制度与派系之争更是敏感，且熟悉不过。当我和朋友讨论着这出戏的内容时，朋友笑着说："台湾地区医疗的黑暗面一点也不输日本，人性的丑陋面与争权夺利更是丝毫不逊于日本，但奇怪的是，台湾地区戏剧节目的制作就大不如日本，怎么拍不出这种既写实又有深度的电视剧呢？"

姑且不论台湾地区"制作水平不足"与"演员专业度不够"等因素，对于一个主角的深层人性刻画，原本就是本土戏剧最缺乏的。再加上，以台湾地区医疗的封闭与自我保护惯性，一旦知道是要拍这种主题的戏剧，肯定是不愿提供任何医疗信息与资源的。

有人问我，这部日剧最让我有所感慨的是什么？我的答案不是那些权力斗争，也不是医疗纠纷事件，医院那种不愿意面对失误、也不愿反省的态度。当然，这些剧情会让我联想到过去在医疗领域工作时，面对类似事件的无奈与难过，但全剧最让我震撼与感动的是大部分人都会忽略的一个小片段：这一幕是财前外科教授因肺癌转移脑部而病逝的那刻，因为医疗同仁在不忍心之下有所隐瞒，也因为财前不愿意让母亲担心自己真实的病情，于是，在财前死亡断气后，他的母亲才来到病房。这位老妇人，早年丧夫，如今又突然得知事业刚有成的儿子去世，然而却没看到她带着任何的怨怼与悲愤之情，反而以一种坚毅、温柔的神情望着儿子的面容，蛮有爱地抚摸着儿子的脸庞说："你辛苦了……我知道你尽力了！"

看见这幕，我感动得不知该做什么反应，只能任泪流下。在这短短的一句话里，我看见一个母亲无私又无尽的爱，这爱不是依附在责任上的，也不是依附在关系上的，这爱仅仅是来自于对这独特生命来世一遭所尽的努力、所承受的艰辛给予最大的抚慰与肯定。这位母亲的手就像是宽阔的海洋，希望儿子的灵魂最终是安详、没有挂念地离去。

如果类似的人物、类似的生活背景移到台湾社会，那么看见的不会是这样的一个画面，我们会看见的是这位母亲冲进病房，看见儿子的最后一面，激烈地拉着儿子的衣领哭喊："为什么狠心抛下我？为什么？为什么我这么命苦……"她的声音会充满怨与愁：她怨，她已经苦命失去了丈夫，如今好不容易儿子有所成就，还当上了医学教授，她都还没享到福，还没得到辛苦抚养儿子的回报，怎么儿子就英年早逝？然后，她会气愤地指责病房内那些主治医师、护士没有尽力救她的宝贝儿子。再来，她会转向她的媳妇，责怪媳妇没有将她的儿子照顾好，或者，责怪媳妇是克夫命（这时，她会忘了自己的丈夫也是早逝）。

当然，我并不是说在台湾所有的母亲都会如此反应，我相信也有像剧中那样具有智慧又有坚定性格、能展现对儿子最大爱与抚慰的母亲，只是，以我们的文化与民情来说，这样的几率微乎其微。

不能否认地，拉着死者的衣领、流着泪哭喊着死者的名字、要死者醒来不要抛下她等种种行为，都是一种因应失落所产生的悲伤反应，就某个层面来说，的确是抒发悲伤的情绪。

但我想探讨更多的是，我们对于生命的态度，还有对待亲人之间关系的态度。

在我们的文化里，常是以责任与期待来表现关系。在夫妻、亲子、手足关系中，我们所强调的是对家庭、对彼此之间的责任与互惠原则。

像是："我有照顾你、抚养你的责任，将来我老了，你也有责任照顾我、抚养我"、"现在我好好栽培你，将来你有成就，我便能享福了"；或是孩子对父母亲的要求："你们为什么不能给我这个……那个……为什么你们不能让我富裕一些，少辛苦一些……"这当中隐含的责任与期待建构着一份亲子关系。

"我的责任是在外赚钱养家，你的责任就是把家照顾好、打理好。"这里的角色与责任分配则建构了一份夫妻关系。

在重视责任关系的文化里，我们很难单从一个人独特的生命历程来看待这个生命整体的价值与意义。如果责任没尽，如果责任还在，那么这个人的死亡常是落在"狠心"、"不孝"、"无情无义"的评价上。

这样的文化民情让我有所感慨。我常想，若是一个人为了照顾家庭，为了让家人有好的生活而拼命工作，承受无比的压力而忽略身体发出的警讯，甚至后来还得承受身体的病痛与治疗的折磨，只因为责任未尽，只因为家人不愿意独立负起自己生命的责任。而且家人会埋怨死者“抛妻（夫）弃子”、“不顾老父老母”、“不负责任的人”，忽略长久以来死者忍受的辛苦与努力，连一句心疼与安慰的话也说不出口，不知这离去的灵魂会带着什么样的心情告别人间？

我其实知道，我们的关系里不会只有责任与期望，里头还有丰沛的情感与在乎，但我们不习于表露情感，也鲜少关注情感的传递，生活中遍布的语言常是一种要求、一种期待，却少了一份包容、一份亲近。

越不去表露情感，我们的情感越是无以得到彼此的关照与理解，我们的关系就越只能靠着诸多的责任与期待来维系。所以，当死亡临到而带走家庭中某一成员的生命时，遗留在世的成员很快便会经验到死者遗留下的庞大责任全都转移到自己身上来，对死者抱持的期待也落空了，加倍的责任与失望使人惊慌失措，不禁埋怨起死者怎能就这样离去，这么狠心。

可是，这就是真实的世界，没有人能相伴左右直到生命结束的那刻，当生命真的要终止时，任何的责任都无法成为牵绊从而阻止一个人的离去。我有一个

给一个表达的机会

只见病人的视线望了护理人员一眼后又回到原来的位置，然后不疾不徐地对她说："我这样并不难过，难过的是你。"

大多数女性都很喜欢看一部美国剧《欲望都市》，描写四个在纽约曼哈顿生活的女子，她们的生活、情感与成长。她们的友谊是许多女性观众所羡慕的：她们有着情深义重的感情与信任关系。特别的是，她们其实是完全不同风格的女性，有着不同的职业、不同的价值观、不同的处理事情的方式、不同的信仰观念，但她们依然是好朋友。她们彼此接纳、彼此支持，她们在友谊关系中有所坚持，但也有所牺牲、有所妥协。

忘了《欲望都市》究竟陪伴我们度过多少个年头，但从一开始看见四个青春妙龄的女性如何谈情说爱、如何寻觅自己的爱情，到最后一季的结束，有人在过程中已二度结婚，却苦恼于不孕症；有人历经未婚怀孕，然后走入婚姻，并且要同时学习照顾失智的婆婆；有人则是意外发现罹患乳癌，接受治疗的煎熬与生活的改变；有人则成为名作家，却在一段不平等的爱情关系里看清自己所爱、所在乎的是谁。

当我和朋友讨论这部剧集的内容时，我们都深刻感受到四位女主角的成长与蜕变，但与其说剧里的女主角成长了，不如说，是编剧成长了，似乎许多生活的难题、人性真实的弱点、情感的微妙之处，编剧都观察入微，描写深刻。

在最后一季的剧集结束后，《欲望都市》也走入了历史，但我想它在观众心中留下了许多感动与领悟，这些都会随着个体成长而产出更多不同的体会。

为什么要提到《欲望都市》呢？那是因为在最后

一季，编剧让其中一个女主角萨曼莎罹患乳癌的剧情让人体会了很多。不单是我，许多女性友人都和我提起这段剧情。我相信，这段剧情反映了真实的生活面貌，也反映了我们每个人面对疾病、面对未知、面对死亡时的心情与反应。

犹记得的剧情是，当萨曼莎被医师确定罹患乳癌后，其他三位女主角很震惊，她们意外自己的好朋友遭遇这种噩耗，忍不住抱在一起哭，但她们还是乐观地说一定会没事，病情一定会很快就康复的。之后，萨曼莎开始接受治疗，也开始历经治疗的痛苦与副作用，其他三人陪萨曼莎在医院吃着棒冰（化学治疗会有口干副作用），还开玩笑说这经验不太坏。

但是，其实她们内在都很怕：很怕好朋友的病情恶化，也怕会失去一个好朋友。但她们都不说这些泄气话，也不把这种担心与害怕显现出来。

有一天，其中一位主角——凯莉的男朋友告诉她，过去他也曾有一个朋友罹患癌症。凯莉反问：现在她如何呢？男朋友回答：她死了。凯莉听后，大为震怒，她责怪男朋友为什么不顾她的感受就把这件事说出来？她埋怨男朋友无情冷漠，才会这么轻易地说出这件事来打击她。她告诉他，萨曼莎就像是她的亲人，她重视她，她希望她没事，她才不要听这种泄气的话，她知道萨曼莎会没事。

男朋友并没有因此就不提这件事，过了几天，男朋友又郑重地告诉她，他的朋友罹患癌症，并且过世了。凯莉这次更为光火，她认为男朋友这么做是故意的，她问："你就不能不跟我提起你朋友死去的事吗？你不知道我没有办法像你 样不难过吗？"

她男朋友缓缓地回答："不是的，我很难过，我深深地悲伤过，所以我才希望你要有点心理准备，不要像我一样完全没料到，然后很震惊、很悲伤。"

这时，凯莉终于明白，男朋友经历过朋友死亡的打击，并因此重重受伤过，他遭受过这种痛，所以希望凯莉不要忽视死亡的可能，也不要过于乐观，从而失去认知真实世界的能力。

凯莉因此知道不管怎么否认与逃避，她对死亡的害怕与担心已真实发生了，她终于与这样的感受与经验接触到了，不再隔离与漠视。

隔一天，凯莉与萨曼莎见面，萨曼莎对她诉说许多对治疗的担心与复杂情绪，凯莉原本还想以"一贯的乐观”来安慰萨曼莎，告诉她情况没那么糟，一切都会好转的。但萨曼莎握住她的手说：“请让我说，我根本没有机会可以说出我这些不好的感觉……我真的需要说……”

凯莉一听，不再执著于“一贯的乐观”。她知道萨曼莎的感觉是真实的，她知道萨曼莎需要有机会表达那些痛苦难受的感觉，于是她终于忍住想要说那些看似乐观的安慰话的冲动，因为她知道说那些话是她自己的需要，不是萨曼莎的需要。萨曼莎需要的是有人愿意听她说那些独特又难受的经历，她需要这样的理解与感同身受，于是她对萨曼莎说：“好，我听你说。”

这一段剧情，让我感触良多，除了一方面体会到无论东西方世界，面对死亡的态度都是难以直视与面对之外，另一方面我也想起过去在临床工作时，常常听见医护人员、陪伴照顾者、志愿服务者表现“一贯的乐观”来安慰临终病人、重症病人：一切都不糟，只要不想太多，一切都会好转。

那是种诡谲的气氛与画面：病人的真实声音其实没人听见，而旁边劝慰者的安慰听起来像是“独自对白”，只是自顾自地安慰，却不关注病人究竟在想些什么、在什么样的情绪中、在什么样的社会环境下。

有一次难忘的经验是，我接到转介去关心一位“沉默”的女病人，她表现出来的样子让很多人觉得难受，因为她并不像其他病人一样易于建立关系。她不太说话，即使是有人主动跟她说话，她也不应答什么。有时，她的眼神甚至停留在自己的视线里，连给来关心的人、安慰的人、照顾的人一个注意力都没有。许多人关心她、照顾她的感觉都是受挫的，越受挫，责怪病人的声音就越大。开始有人批评她是个不知福不知足的人，是个骄傲的人，是个自以为是的人，是个难取悦的人……各种评论观点全都出现，似乎是希望借着分析、评论，转移自己觉得无能为力的僵局与不好的感受。

某一天，我到她的房间，问她我是不是可以坐在病床边的椅子上，稍微陪陪她。她点头。但过程里我们没有说什么，我只是单纯想陪她，至于她想以什么姿态、方式来呈现她自己，我不仅尊重也乐见如此。我一直有个感觉与想法：病人的世界，若没有他的邀请，我们不能粗暴地侵入；如果他还没邀请我，也表示，他还不够信任与理解我。这绝对是合理的。没有人规定，当一个人成为病人角色，躺在病床时，他就有“义务”

让任何想探他隐私的人进入他的世界，也没有人有权规定病人有“义务”要因应别人的期待与要求，扮演一个体贴、友善、热情的人，感激别人的付出与关心。

我也认为当一个病人不用花心力去伪装自己真实感觉与真实面貌的时候，我们其实才算是和他真实地接触与认识。

话说回来，当我坐在她身旁时，她眼神望着天花板，沉浸在自己的思绪里。她像是在想事情，眉头有点微皱。我仍是静静地在一旁。我的安静并非因为我不知道要做什么或说什么，我的安静是在等一个机会，一个病人邀请我参与的机会。

这时，一位照顾她的护理人员走了进来，看我们没互动、没动静，大概与之前许多人对她的评论产生联想，下意识地认为她又钻在自己的牛角尖里面，不走出来。于是，她扶着床边栏杆说：“阿姨，那么多人关心你，你怎么还是不快乐？你每天都这样不行喔！快乐也是一天，不快乐也是一天，你要怎么过就看你怎么选择啦！”

言下之意，似乎隐微劝告病人若一直如此，没有人帮得了她；我也在这种语气里感受到一种强势的语态：高举快乐与乐观才是被允许的表现。

我听了不仅震惊，甚至可以说是傻眼，一时间还真不知要说些什么来缓和气氛。

只见病人的视线望了护理人员一眼后又回到原来的位置，然后不疾不徐地对她说："我这样并不难过，难过的是你。"

我一听仍是震惊，但这次的震惊和先前的状况不一样，这次的震惊是惊讶病人的表达能力与清晰的判断力。病人说得没错，虽然她的外表让人觉得她闷闷不乐、有心事的样子，但她自己在其中并不以为苦，因为她有她的理由与意义脉络，反倒是看见她这种样子的人觉得难受与痛苦，因为他们不懂缘由，也看不见意义，当然觉得这只是自讨苦吃与消极悲观的行为。这样看来，要病人快乐，要病人乐观正向，到底是病人的需要，还是周围人的需要？

另外值得探讨的，就如《欲望都市》所带给我的感觉与想法：负向情绪感受多么需要一个合理的表达机会，在这个表达机会里，不需面对质疑、劝诫、挑战与评论，仅仅就是安全、信任、同理、包容的一个机会。负向感受已经够沉重、够苦，如果没有经过疏解与表达，就要其隐藏或铲除，其实也不过是压抑罢了。当一个人不被允许表达他真实的坏感受，只能表达好的感受、正向感受，永远杜绝坏感受时，这些坏感受要到哪里去呢？

它们并不会自然消失，其实，只是换个地方放罢了。

若我们真心爱一个人，真的想关怀、认识与接触一个人，那么我们不可能不面对他的坏感受，因为人生活的世界里，有好感受，也会有坏感受，它是真实的世界，是回避与闪躲不了的。也不是靠劝告与说服，坏感受就会消失殆尽，劝说与说服往往带来的是更坏的感受。

那能怎么做呢？我想答案就在凯莉的领悟上了，那就是：“好，我听你说。”

最后一个需求

正当我苦于不知该怎么办时，突然，我见到病人原本犹如闭目睡着的身躯有稍稍震动，然后我就听到大声的一句话:“好了，你们安静！”

我们的文化让人愿意给予死者一场最隆重的葬礼或告别式，许多人的心里在这个时候会冒出一个声音:就最后一次为他做这些，能给他的就尽量给他吧！

所以，礼仪公司说要怎么办比较好，遗族通常就怎么办:要加鲜花素果、要加谢礼赠品、要加任何仪式，甚至要多烧个房子、车子、加油站、麻将、手机、计算机……即使索价非凡，许多遗族仍是心甘情愿，因为他们认为这是能为死者做的最后一件事了。

看见遗族肯花大把大把的钱为死者办一场隆重华丽的葬礼，实在很难想象，之前在死者生病那段时间，遗族曾为着入不敷出的医疗费、生活费、住院费和死者大吵过架，也为着死者许多的要求大骂过他自私、只想着自己。而如今“奠”这个字，却含有家人肯给死者最好对待的一份心意，实在令人感叹：若这份心意是在死者活着时就能给出来，并且传递给他，不知道能有多好。

我这个人虽然生性浪漫、感性，但有一面是非常现实、理性的。对我来说，能活着体会亲友的关爱祝福、体恤与支持，会比死后才知道更为重要。事实上，死后是不是还能知道凡间的事还是个谜，无从确定。死后，亲友的话就算再中听、再温暖、再能了解我是一个怎样的人，都比不上生前他就让我知道、让我感觉得到来得好，更别说是需要了。如果生前亲友们就看见我的需要，愿意将他们的注意力稍微注视于我这个人的感受、想法，稍微地知道我的喜爱偏好，我想那份意义绝对会大于死后他们才在灵堂里注视着我的照片、喃喃自语告诉我，他们有多爱我与重视我。

所以说，我的价值观很明确，就是在死者生前所做的、说的、给予的，才是真正对死者具有意义的；而死后给的、说的、做的，对遗族来说意义比较大，这关系到往后悲伤的状态，关系到遗族内心是否能觉得了无遗憾、了无亏欠地面对死者。

说到这里，我又想说一个很难忘又很撼动的经验：关于病人在死前提出的最后一个要求，也是一个需求的经验。

这个要求(需求)是病人用尽最后一口气说出来的，虽然只是单个案例，我却深深相信这个需要对临终病人来说非常重要。

回想那一天，是上午，我听闻护理人员告知我16床需要我去，因为中年男性病人生命迹象已在下降，随时有生命终止的可能。这段时期称为濒死期。而中年病人的离世，通常医疗团队会多一份敏感，需要转介给社工师或牧灵人员来关怀与协助，因为中年病人意味着生命非预期发展而面对死亡的病人，病人的家庭会因此面对纠结的情绪与复杂的悲伤。这是可想而知的，中年男性常常是家中的经济支柱，也是家中的主要决策者，上有高堂，下有子女，一旦这样重要的家人倒下、死去，势必会让家庭产生莫大的伤悲与心痛，以及许多困难与挑战。

我迅速来到病房，一推开病房的门，映入眼帘的是混乱的景象，房内有许多家属，还有许多声音，声音十分急促与紧迫，让人不由得紧张，不知道究竟发生了什么事。

我先到床边确定病人的情况，病人的确呈现了濒死的现象，昏昏沉沉，呼吸声极大且短促，没有血色，脉搏、血压持续下降。种种迹象都显示病人的状况十分不佳，难怪医师、护理师已确切告知家属时间不多了。

这一床的病人住进病房已有一段时间，但因为是中年病人，所以病人与妻子都倾向相信一定有转机，即使确定为晚期病人，癌细胞已转移，他们也不告知其他家属，不告知其他同事，他们坚信只要有生命力与宗教的祈福一定能获得疗愈。

也因此，在生命即将终止的这一天，病人的妈妈与病人的儿子才临时被告知，自己的唯一儿子／唯一的爸爸将要离开人间，离开他们这个事实。

这就是病房乱哄哄的原因。

病房内共有三种声音正在说话，有三种情绪正在蔓延，有三个需要正在表达。

第一个是妻子的声音，她弯腰趋近病人的耳旁，以一种急切、唯恐有所闪失、有所延迟的声音，大声地告诉病人："叫妖魔鬼怪走开，赶快念 ×××，不要怕，不要走错，看着亮光……"随即是她为病人助念的经文。

第二个声音是病人的儿子，他正趴在病人的脚边哭泣，十分悲恸地摇动病人的脚，自责又愧疚地说："爸爸，你原谅我好不好？好不好？好不好？"

第三个声音是病人的妈妈，她哀伤痛苦地窝坐在病床边的休息椅上流泪不止地哀嚎："我的儿啊！我的儿啊！我唯一的儿要不见了……"

护理师正在忙着处理病人生理上的濒死症状，实在很难再抽出身一一抚慰这些家属，让他们的情绪冷却下来。

我一看便认为这实在是个棘手的情况，我一个人究竟该从何着手？这里有这么多人的需要，谁的需要该优先？我很快地扫描了一下他们的神情与状态，我决定病人的需要优先，而病人的需要是什么呢？我的经验告诉我是宁静与平和，是舒适与安然。

但我同时知道，我若只是要家属克制，甚至驱离家属离开病房，这也不是一个妥善的处理，因为家属的需要、悲伤的处理也是临终关怀的重要点。于是，我决定靠近病人的妻子，以缓慢的声音告诉她："你先生现在的灵魂即将要离开身体，你的助念一定可以让他走得很好，但是你不要急，慢慢地，一个字、一个字慢慢念，让他听得清楚，让他可以安心，因为他知道你在求佛牵引他。"妻子似乎听进去了，愿意逐渐放慢助念速度，并且以较和缓、较平顺的音调唱颂。

但房内的声音还是非常嘈杂，因为还有病人的儿子和妈妈正在各自的情绪需要里表达悲痛。于是，我转而走到床的另一边，扶着正趴在病人脚边大约十八岁的儿子，我听到他充满自责内疚的声音，激动地拉扯着盖在病人身上的棉被说："你原谅我，爸爸，我对不起你，是我做错了，是我不听话……爸爸，你原谅我……好不好？"我虽然第一次见到这位儿子，但因为先前几次团队会议的讨论，我知道病人和儿子之间有很大的摩擦争吵，儿子还因此离家出走，拒绝回家好长一段时间。这一天，病人的妻子好不容易才找到他，告知他快速来病房见爸爸最后一面，也因此，他的错愕与震惊才会如此剧烈。我眼见他重复地述说都没有停止，我想他需要病人的一个回应，我温和地告诉他："你有好多对不起想要爸爸听到，对不对？你好希望爸爸原谅你，知道你有多在乎他，对不对？我相信爸爸都听见了……"儿子听我这样说，努力地点着头，哽咽地说："爸爸，对不起，你原谅我好不好……好不好？"我眼见他仍十分执著地要爸爸一个回应，于是，我问了病人一句："大哥，你儿子很抱歉，很难过，他觉得他错了，他希望得到你的原谅，你是否愿意原谅他呢？"病人虽然无力虚弱，但他仍很尽力地点了点头，示意他听见了并且接受了儿子的道歉。

我赶紧告诉他儿子："看，爸爸听到了，也愿意原谅你，他已经原谅你了，他接受了。你不用担心他不原谅你了。"

儿子看了稍觉欣慰，语气也缓和下来，但仍难以接受爸爸即将要离世的事实，还是趴着哭泣。

我见状况稍微趋缓，接下来，我走向病人的妈妈，她几乎晕眩般地靠躺在椅子上，泪流不止，不断说着：

“我已经没有丈夫了，现在又没有了儿子，我怎么会这么歹命？我的儿啊！我的儿啊！”

我蹲下身，伸手抱着她，缓缓地告诉她：“阿姨，你一定很心痛、很不舍，你的孩子要离开你了……”

病人的妈妈更是大哭：“他们都叫我不要哭，我怎么能不要哭，我一想到我的孩子要离开我，我的心就很痛、很悲伤……”

我抱着她，抚拍着她的背：“阿姨，我知道你很心痛，知道你的难过，这痛很大，你可以哭的，如果哭出来对你有帮助……”

阿姨于是哭了一会儿，然后哭声渐渐变小。

我见病人的妈妈情绪也较缓和后，起身，再次确定病人的状况，也确定这些声音是否对病人来说干扰少一些。

虽然声调放低，音率变慢，但三个人的三种声音还是无法让病房的气氛宁静平和，我不由得伤脑筋究竟还可以怎么做，怎么做可以再让家属的情绪需求、个别的需求获得安抚，而让他们注意到病人的状态与需要？

正当我苦于不知该怎么办时，突然，我见到病人原本犹如闭目睡着的身躯有稍稍震动，然后我就听到大声的一句话："好了，你们安静！"

在那一刻，房间瞬间安静，没有一丁点声音。在我不敢置信所听见的是病人声音的同时，我好感谢他帮了我一个忙，其实也是帮了他自己一个忙。我如释重负，因为我知道将离世的灵魂是多么需要宁静来预备舍下尘埃、归向永恒，也多么需要安详而没有恐惧地让自己慢慢抽离肉身，这样的需要除了亲人朋友的爱与支持可以帮助外，其他的似乎病人都接不了，也承受不了。

我很欣慰病人的需要后来得到重视，也很确信那是病人真正的需要：那是病人用最后力气所说出来的最后一句话，虽然不浪漫，却是重要且真实的需要。而这最后一个需要，家属也做到了，并尊重地给予，我相信病人一定能知道他们的心意，也知道他们多么愿意成全，愿意让他了无牵挂与遗憾地准备离开人世。

经过了这次的经验与过程，我不仅更确定临终关怀的重要性，也更知道在病人死亡之前，好好地给予他我们所能给的心意与成全，比起死亡之后所做的其他事都更具意义与价值。

死亡不是报应

我从他的神情看出来，他已经放下和死亡的搏斗，转化而来的是一种谦卑与顺服。

你有没有和人讨论过这样一个问题：你希望活到几岁？

超理性的人可能会说：“讨论这种问题岂不是杞人忧天、庸人自扰，活到几岁是人可以决定的吗？”

但我还是想讨论，也常想到这个问题。我常在想，一个人对生命长度的期待究竟依据什么因素？生命的长度与质量二者，人较重视的是什么？一个人活得久、活得老究竟象征了什么意义？又代表了什么价值？

有这些疑问，主要来自我感受到社会似乎有股强烈的价值声音：生命的长度比一切都重要。如果一个人活得没有质量，一个人承受了过重的身体与心灵痛苦，他仍是被期待要尽力维持生命，绝不能想到会死的可能。

即使是确定为不治之症的病人，或者已活一大把岁数的长者，我们也绝不允许让死亡有发生的可能。

印象中，宋美龄女士过世时的岁数，已是多出常人平均年龄许多，堪称超级人瑞，但在新闻报道中，得知她死讯的晚辈仍是难以置信，泪流满面对着镜头说："她不该死的！"我能理解这位晚辈想表达的是对于这位长辈的不舍与怀念，但同时，我在想另一个问题："究竟有谁是该死的？"

她的年龄已跨越一世纪之久，都被视为是不该死之人，那么六七十岁的人肯定更没有理由该死。那究竟谁该死？

许多人可能会想到一个答案：作奸犯科的坏人是该死的。

如果你也有这样的想法，就一定可以理解。我们的社会如何地将“死亡”和“报应”、“罪有应得”画上等号，也难怪乎当死亡发生在一般没有作过奸、犯过科的老百姓身上时，多令人难以接受，让人想责问老天：“老天无眼，竟带走一个良善、没有做过坏事的好人。”

我曾有一个经验，有一天探访了三位中年病人，三位病人都是四十到五十岁之间的年纪，他们都是突然被告知罹患不治之症的，可想而知他们的错愕与不甘心。他们是分属不同病房的病人，照理来说并没有谈过话、交换过心情，但他们在那天都问了去探访他们的我：“苏小姐，你告诉我，我是坏人吗？为什么我会得这种病？我从未做过什么坏事，为什么我要得这种病？”

这个问句反映了他们受震惊、觉得不公平的内在心理，也反映了我们身处的社会文化是如何看待生病与死亡这些事。在我们的想法中，被我们视为好人、被我们认为是尽忠职守的人，是不应该遇到生病与死亡的事，这些事是那些“恶有恶报”的人应该遭受的才对。

就因为这样的思维，生病与临终的人才会面对更大的窘境与煎熬，他们百般不解自己并非是恶人、做坏事的人，为什么一生命运坎坷多劫，得不到好的报偿？

这种将世界二分为“奖赏”与“惩罚”的世界观，自古以来无论东西方世界皆有迹可循。我也是费了好大的力气才松动我从小被灌输的善恶二元论认知观点，开始愿意去看除了善恶观点、黑白观点之外，还有许多的灰色地带与多元观点，并非能以简单的奖赏与惩罚、善与恶的观点就能解释所有事情，回答所有疑问。

我曾和一位八十五岁的老年人对于“死亡是报应”之说有一连串对话，这段对话让我更发现“惩罚”的世界观多么让人受苦，也多么让人的思维与心灵受到捆绑。

那是在一个早晨，由于我没有看见老人出房门和团队一起晨祷，正觉得奇怪。照往常，老人应该会起个大早，在大厅等候，等到团队成员到齐，他会和大伙一起唱诗歌，做一天开始的祷告，但那天早上他缺席了。护理人员说他的身体状况不好，越来越虚弱无力。于是，我到他住的病房，想了解他的情况。

一进房，便看见他非常憔悴，愁容满面地望着天花板。看得出来他没有睡好，精神不佳，心情也不佳。我挪近椅子到他的病床边，问他是否一夜没睡好？

他叹了一口长长的气，缓缓地点点头。

我又问，是身体不舒服而没睡好，或是心里有事？

他说，都有。

我继续问："心里的事是什么？令你这么难受？"

他忽然有点激动地说："我又不是坏人，为什么我要生这种医不好的病？为什么我要死了？"

我有点惊讶，老人之前从未有过这些语言，也从来没有抱怨过自己的疾病。

我问他："怎么突然有这些想法？是发生什么事，或听到什么话了吗？"

他摇摇头说："没有，只是身体真的很不舒服，很不好。"

我听后，有个假设产生，老人似乎体察到身体的变化，甚至可能意识到自己的时间不多了。而之前，因为疼痛与症状都被团队照顾得很好，所以老人虽抱病在身，却没有深刻感受到自己身体的恶化。

老人看起来真的很忧愁，他真的找不到任何理由来解释为什么他要遭受这一切。

我们沉默了一会儿。沉默中，我在想老人似乎是突然才意识到他的生命有限制，在他的思想中，死亡并非是生命自然的历程，而是和惩罚与诅咒有关。

于是，我期待从谈别人的死亡来破解这个迷思，同时，也让老人较少感到威胁（直接和临终病人谈他们的死亡，若时机不对，很容易引起他们的恐慌与焦虑）。

我忽然转了一个话题问老人："阿伯，你的爸爸还在吗？"

他摇摇头说："早不在了。"

我说："不在了啊？那他是几岁不在的啊？"

他回想了一下说："我阿爸比较早逝，四十几岁就不在了。"

我问："生病吗？"

他点点头。

我又接着问："那他是一个什么样的人？"

他很有兴趣地回答："他是一个很好的人，为人很热心，常常帮助邻里的人，大家都说他是一个大好人。"

我赞叹地说："哇！他真是一个好人，每个人都赞美他！"

他十分认同地说："没错，他的确是个很好的人。"

我又问："阿伯，那你的阿母呢？"

他苦笑了一下："她也走了，走了好久了。"

"她也走了吗？那她是一个什么样的人呢？"我好奇地问。

他很认真地说："我阿母是一个很照顾孩子的人，对人也很好。"

"所以，他们在你的心中是很好的父母，很好的人。"

他十分同意地点点头。

"可是，阿伯，他们都好早就离开人间了，好早就过世了，他们岂是坏人？"

阿伯听到我的问话后，突然一惊，似有不同感受地说："不是的，他们不是坏人，他们是真正的好人。"

我握着阿伯的手，缓缓地说："阿伯，人死跟是不是坏人、好人没有关系，而是人的生命真的脆弱，真的有限制，人的生命有一天都会有终点，就像你的父母一样，他们并非是坏人，但身体有限制。"

他低头静默不语了一会儿，然后抬起头来对我说："苏小姐，我知道了，谢谢你。"

我从他的神情看出来，他已经放下和死亡的搏斗，转化而来的是一种谦卑与顺服：谦卑地知道生命有限，顺服地接受大自然的运行，不需再费力地抵抗死亡，也不需将自己生命的结束视为一种报应和诅咒。

我实在很感谢他的父母，因为他父母的生命让他尊重与敬爱，使他在回想父母的生命时，能有好的感受与想法，也使他有机会去重新理解、重新建构死亡这件事的因果。

后来，没几天，老人果然如他自己的预感一样，生命画下了休止符。或许有人会认为是老人放弃了求生的意志，才让他这么快离世，但我却不这么看，也不这么想。在我的经验中，我深深相信当人接近死亡时，会有一些不同于常人的敏感度与直觉，那种对死亡将至的预知，和因为身体疼痛、不舒服而想要求死、意志消沉的人是不同的。预感到自己的死亡将近的人，会想要和死亡做最后的搏斗，但往往是无力挽回的，当然更不是简单的“意志力”就可以抗衡的。因此，濒临死亡的人在心灵没有准备好离开的情况下，有些会激动，有些会沮丧，有些会愤怒，有些会哀伤。

如果，周围的人都给予最大的包容、理解与关爱，陪伴他们化解内在有所冲突、有所遗憾之处，他们的死亡便能有机会带着宁静与安详、平和与无憾。这就是临终关怀的意义：让人在死亡时，灵魂不是带着沉重的怨怼与伤痛，而是可以轻盈、自由，在一处充满爱与光明的地方安息。

让一切来得及

想象一下，现在的你躺在病床上，即将咽下最后一口气，即将告别人间，你希望自己成为怎么样的人？

过去，我不是一个勇于为自己争取机会的人，也会陷在某些悲观情绪中许久许久。我并非贬抑悲观情绪，对我来说，悲观情绪是我当时对真实世界的真实感受，但由于幼年的诸多感受与想法常受漠视与压抑，无从表达与宣泄，导致我常被自己内在的强大情绪所困住，感觉动弹不得，又因无人能理解而悲伤。

学习了社工知识后，我的状态稍微减缓，我开始从许多不同的角度来认识自己、探索与了解自己，并学习挣脱心灵的束缚，让自己能改变眼光来看世界、看别人与看自己。

但有一大部分，是自己怎么努力好像都突破不了的，总觉得有些关卡是自己跨不过去的，有些人和事常像地雷一般在我心里不定时地被引爆。或许那些正是自己最脆弱、最害怕、最不想承认与不想面对的部分吧！

当我在临终病房见到一个个的临终病人时，人性的软弱与脆弱更加明显易见：在死亡强烈的照射下，大家带着惊慌的神情四处乱窜地寻找遮蔽处，生怕死亡强光带来的伤害。

我看见许多人选择沉默，不谈不说，以为一切就会停止进行，我也看见许多人在死亡之前放弃让生命再感受、再表达的权利。对于过去生命的怨、恨、束缚、伤害，只能任其发酵、扩张、扭曲，无力再与之搏斗与周旋，也无力再改变什么。

从那时起，我意识到一件事：不管是与自己或与他人之间的许多缺憾、不满、埋怨与冲突，我们任其放着，以为时间久了就会好一点，一点力也不使，一点心也不尽，只有等着等着，等着命运来改变，那么，往往到了生命的尽头，我们所面临的情况是，那些未处理、未解决的缺憾、不满、埋怨与冲突都会全部一股脑儿地涌现，因为自己知道，没有时间了，一切都来不及了，我们只能带着所有的伤痛与对人生的失望与挫败感离去。

看了许多人、许多家庭的无奈与缺憾后，我常在独处时想着："嘿！苏绚慧，你想在生命的最后时刻，带着什么样的心情离去呢？当你必须离开人间时，你想以什么样的话语来诠释你的生命故事呢？当死亡来敲门时，你想成为什么样的一个人，而最不会让你感到遗憾与沮丧的呢？"

我发现，当我开始以生命的终点——死亡，来回头观看自己的生命时，我不再是面对未知而不可掌握的未来。对我来说，我清楚地知道自己在死亡时刻想成为什么样的人：不是富有，不是有名声、地位的人，那些我带不走，也不会帮助我跨越死亡，无憾地面对生命的结束，相反的，还可能带来更多的不满足与不愿舍弃。

那我想成为什么样的人呢?

我心里真实地盼望，当我的灵魂必须离开躯体、必须飞翔之际，我能真心实意地喜爱自己，不具条件、不具评价地喜爱自己,并且,一切的伤痛都能获得疗愈，心灵能感受到犹如新生时的自由与完整。然后，带着平静、满足、无憾、不虚此行的心情离开人间。

因为有了如此确定的梦想与希望，我知道我不能不做什么，而只是等着一切自然而然地形成，如果我希望在自己生命的尽头能成为怎样的人，那么我必须从现在就开始做起；如果我希望当死亡来敲生命之门时，我能平静、无憾、安详、满足地离开，那么，从现在开始，我就要学习面对生命里的缺憾、伤痛与冲突。我给自己从现在到我生命结束为止的时间，好好地为这件事做准备与努力。我希望我的时间是足够的，也希望一切都能来得及。

当我开始这样想、这样实践时，我发现，我不再逃避一些我不想面对的挣扎与困扰，我知道那些越是提醒我有多困难的事件，越是提醒我有许多的功课得学习，得去改变习性与超越。

后来，我也尝试对那些找我咨询一些心理困扰与挣扎的人提出这样的问题：想象一下，现在的你躺在病床上，即将咽下最后一口气，即将告别人间，你希望自己成为怎么样的人？

他们通常不明白："什么样的人？"

我会稍做解释："不是拥有什么的人，不是拥有几间房子、几台车子、多少头衔的人，而是，你会成为怎样的一个人（being）？有着怎样的心情？你会如何为你此生的故事命名呢？"

有些人回答我："我想得到心灵的自由，我要将一切包袱放下。"有些人则回答："我想爱自己，不再有条件地爱自己。"也有些人说："即使是最后一刻，我希望我仍是一个热情的人，热情地爱生命。"

答案虽各式各样，但表示我们心里都有一个想成为怎么样一个人的梦想与希望。

我总会响应他们："那么，就从现在做起吧！让一切来得及，即使再大的困难，都值得我们去试。"

世上有太多人成为自己不想成为的人；有太多人将自己交出去，任由别人左右；也有许多人从小到大顺服与听命，当有一天再也没有命令与指示时，他便不知该何去何从了。

还有一些人则是无奈地被教育成某类人，但成为这类人却令他无法接触真实的自己，无论是感受或内在声音。他外表累积厚厚的重壳，别人无法认识真实的他，他也触摸不了自己，他的情感不能自由流动，只能站在某一个不受威胁的高点冷眼观看世界，但他心里其实是孤单的、渴望与人靠近的。

我们总用太多的无奈与无能为力来告诉自己："我没有办法，我改变不了什么。"我们一边说着一边让时间流逝，时间有如细沙般从我们指缝中溜走，我们一点也把握不住。

我在临床工作时，有一阵子，陷在一种恐慌中：我看见许多病人在临终前无法体会生命的丰富，无法接收爱与感受爱，再加上死亡阴霾的笼罩，他们常在死亡未来临之前便先选择了死亡，选择了消失，不再表达，不再出声，不再互动……假装自己已不存在于这世上。

遇到他们，我还是选择尊重他们，我相信他们的决定并不是他们个体的因素而已，还有生命累积已久的伤痛与缺憾，以及家庭、社会环境长期以来的影响，使他们面对重大疾病痛苦时，更难帮助自己从心灵的囚牢中解放出来。

但我心里还是面临难以克制的恐慌与悲伤：我不断地想，如果社会上的人仍高举物质、高举外在条件、高举竞争力与精英主义，却忽略在生命长河中，停下脚步贴近自己，为自己的伤解痛解苦，关切并照顾自己心灵的缺憾与困扰，面对自己不断逃避的生命课题，并且意识到有一天生命终将结束，那么，未来躺在病床上的人还是将被心灵的苦禁锢，还是会因为生命突然喊暂停而愕然，还是会感到一切都来不及了，自己其实并不喜欢自己的生命，然而，时间早在无意识、逃避中消逝了。

若是如此，无论临终关怀与死亡教育推动多久，临终时刻心灵痛苦的病人还是大有人在呀！

幸好历经这几年的思考、沉淀与消化，我现在已经没有这样的恐慌与悲伤了，我想这些情绪或许都升华了吧！升华成我立志于推广善终与关怀失落悲伤工作的动力，期待将自己的恐慌与悲伤化做实质的力量，提醒人们靠近自己的死亡、贴近自己的生命。

这或许也是自己在死亡之前想完成的梦想吧！

关于“命”这回事

我过去对病人的理解实在还是有所距离，自己真实尝受过一次，就会知道死亡威胁的力道有多重、阴霾有多大。

去年末有机会认识了一位擅长以紫微斗数解读命盘的人。在讲这段经验之前，我倒是想先建议读者，不要太快将紫微斗数与灵异画上等号，紫微斗数其实就像是古代的人类行为学，是对人类心理行为的初步统计与分类。所以有人说，虽然东方世界在古代没有像西方世界一样讲求逻辑、追求哲学、发展科学，但不代表古人就不重视智慧，不追求科学与真理，事实上，古人建立理论、建立学识的功夫一点也不逊色，只是没有发展成西方世界认同的理性论述模式。紫微斗数就有点这种味道，以观察天象，结合人的出生与时间做一些人格特质的判别。

它有点类似于讲星座、说血型，又有点像希腊人发展出来的生命灵数。总之，是看符号解说的一段过程，看到什么星、什么宫，就说出通常有这些星、这些宫的人格特质是什么，又比较容易会遇到什么状态。既然是通常，也就是说讲的是大多数的比例，而忽略了少数的例外。而且同一份报表（Data），每个人解读出来的结果都不太一样，看的重点与细节也都不一样，还牵涉到解读的人本身的特质、生命经验与诠释的技巧，所以就可能造成每个人说的都不同，甚至是南辕北辙的结论。

因为年纪的增长，我最近开始“懂得”欣赏东方文化与古文明，开始对易经、紫微、老子有了一些好奇，自然就想要去问问或探索这些古代流传下来的文化与思想究竟在说些什么。

话说回来，我在对人生没有任何困扰或问题的情况下去接触紫微斗数，完全只是出于好奇，索性听听看这种方法是怎么解读我的人格特质与命运。很有趣的是，从符号看出，对方说我在十年后恐有大劫，而且是会伤及性命的大劫，所有十年间得到的会完全失去。我听后扑哧地笑了出来，问了他一句："那岂不是很无谓，用十年的时间获得许多东西，却是为了之后一次彻底的失去，那何必要追求与拥有？"

他语重心长地说："人生本来就是无常，拥有之后就是失去，一个人若不要有太多欲望、贪念，简单地过，自然就不会有太多烦恼。只是，世上的人就是难以满足，年轻女孩想要嫁有钱的白马王子，婆婆妈妈想要孩子考第一得功名赚大钱，太太们要老公忠心没有桃花还要爱她，男士则想着如何获得名利权力与地位。问题是，世间这种人能有几人，大家只好一直活在挫败、失望与不甘心中。烦恼都是源自于欲与贪呀！"

我听了为之赞叹，有一种听一席话胜读十年书的感觉，这席话比去探问自己的命运结果还有价值。

与他道别之后，说不受影响是骗人的，再怎么理智与洒脱的人难免都会被别人的意见与话语影响，何况是关于"命"这回事。我不免想到若真的只有十年可活，这十年我想要过什么样的生活，我生命中重要的优先级会是什么？

其实，自从在临终病房工作后，接触到许多临终病人的生命故事、聆听了许多令人意外的患病过程后，对于人生我已不做什么长远规划，现在都只做三至五年的规划。以前把人生想得很简单，觉得只要够坚定、够有能力，人生就可以照着自己的期望走，经过了岁月的磨炼与看清楚生命本质的无常与多变之后，我知道人生的际遇可以瞬息万变，三年五年时间人生可能就已人事全非，做十年的规划实在太久了。

所以要我想到十年后的事，实在超乎我能想象的范围。

不过，我倒是经验到一个特别又真实的经验，这个经历实在极具“经验性”，让人很有感受与启发。这个经验就是“受到死亡威胁”的经验。

以前，我是一个很愿意去理解病人害怕死亡与担心死亡威胁感受的助人工作者，我没有受过死亡威胁，我之所以愿意理解是基于人文关怀的态度，也因为我相信病人的感受是真实的，即使有人不认同，即使常常有人持轻松论调对病人说：“既然生命要结束了，就看开点吧！”“谁无一死，何必放不下！”我都不曾因此轻看病人所受的痛苦与威胁，也从不怀疑病人感受的真实性与困难性。

只是，当我听到有人硬生生地说我不长寿，听到有人说我会被死亡威胁时，我的心体会到一种无力与感伤：无力于不知能怎么应变，感伤于要和亲人朋友别离。然后满脑子幻想自己会怎么死：发生意外死的，还是患重病死的？该不会是痛苦太大，自己杀了自己吧？！各种稀奇古怪的死法都被自己想一遭，最怕的莫过于死得太激烈、太痛苦的死法。我和几个挚友提起，挚友们的反应都不同，有的说：算未来通常是不准的，别担心；有的说：别放在心上，参考参考就好；有的则说：喔！你信吗？

想想人的反应虽不相同，却都逃离不了这几种说法，就是要你想开点，要你别相信，要你靠理智战胜情感……

那一刻，我终于较贴近于一个生命受死亡威胁的病人的心情：那是种不再能确定究竟该怎么生活的心情，也感叹于自己的生命似乎要错过些什么的心情，似乎没有机会再去经验些什么或完成些什么的心情。当然，也包括无法和人好好谈论这种无奈与担心的心情。

这无关于对命运是信或不信，而是死亡的威胁真真实实冲击到你对生命的看法与安排。在死亡面前，人就是会焦虑，人就是会无措，人就是会想得很多。

我想起许多被医师告知生命有限的重症病人，当他们一提起对死亡的担心、害怕与焦虑时，旁边的人常常都是要病人转移话题：别想太多，医师也有误诊的，医师虽然这么说，也不表示是真的。

旁边的人其实也焦虑，也恐慌于去谈有关“死亡”的主题。谈“死亡”总让人感到无助无力，因为没有人真的有把握去阻止死亡的发生，即使一时阻止，也非永远阻止，既然难有把握去阻止，多谈又有何意义呢？就因为这样，谈“死亡”成为许多人眼中无谓的事。

经历过这个经验后，我倒觉得人面对死亡威胁的焦虑时，实在是需要一个能理解、愿意一起谈谈的人来讨论，如果不经由谈话讨论，人哪有机会疏解那些盘踞在脑海里的各种稀奇古怪的想法？哪有机会去厘清自己究竟在乎什么担心些什么？我也从这个经验中体会到，我过去对病人的理解实在还是有所距离，自己真实尝受过一次，就会知道死亡威胁的力道有多重、阴霾有多大。

无论命盘怎么解释，无论解说的人功力高不高，死亡这件事是一定会临到的，这个经历其实只不过再次让我体会到这个事实。我想起曾有一个年轻的女性罹患癌症之后，家人找了许多解命大师为她消灾解厄，还试了许多偏方，病情仍然不停恶化，但她自己与家人仍是不愿放弃找奇人来为她改命改运，甚至把名字都改了，身份证重新换了，病情仍不见起色，最后在自己与家人都没有准备之下，生命悄然结束，留下的是为之愕然、情感崩溃的家人。

他们错过了正视死亡的机会，错过了死亡曾留下一些时间让人回顾一生，整理生命，和亲人互道珍重再见，所以她的死亡和一个突然无任何征兆而死亡的人是一样的，都是令人难以相信难以面对的打击。

我的确无须小题大做这次解读命运的经验，毕竟我不知道自己正确的生辰是何时，所设定的时间不过是一个猜测与假设，并不保证的确如此，所说的结果可能根本就不是我的命运。但这经验，让我更体会到人性真实的脆弱，也体会到面对死亡威胁可不是轻松容易的事，这似乎又帮助我更理解了人、理解了死亡。想到此，就觉得它是一个值得分享的经验。

第二部　坐看云起时

我在这里思想着我的姿态，
我在这里观看着周围的事物，
我知道我和他们同在，
我知道我们共同形成了生命故事。

聆听生命最深的悲伤

她微笑着望着男子很久，忽然吐出一句话："阿爸，为什么要把我送给别人？"

家族历史与成长背景为每个人塑造好的生活方式，为了因应生活的要求与维持生存，每个人也发展出一套模式。这过程不仅培养我们各种因应的能力，也建构了我们的价值观和生命态度，还有对自我存在意义的看法。

有时候，我们费尽心力承受内外在的痛苦，并符合他人、环境的期待，是源自于内心深处的一种渴望——渴望我们的生命被人认可、肯定与喜爱。有趣的是，我们经由别人的反应而得到对自我生命看法的最初经验，往往被我们根深蒂固地嵌在心里，即使我们努力表现自己的能力，努力地达成期待，我们的最初经验却总是提醒自己“还不够，我不是真的这么好。”

其实，在你心中最在乎最在意的那个重要的人（通常是父亲或母亲）还未肯定你，还未说出你心里期望的认可与肯定——你的生命对他们来说是件好事，是值得骄傲的事。

离开医疗工作之后，有一段时间我在一间私立养老院工作，认识了一个八十几岁的老人。我辅导这位老人一段时日，她的悲伤很深很深，不是一般人可以理解的。大部分的人劝慰这位老人家几次，发现老人家没改变，仍持续哭泣悲伤后，就放弃了。

这的确是个棘手的个案，因她的情绪让照顾她的人心生不耐，觉得她刻意找碴儿。当别人对她的态度越苛刻，越是奚落她，她便越觉得生命无趣，只是一场磨难。

她已经八十几岁了，却觉得生命如此无奈与痛苦。

难道只是她个人的软弱与无助吗？我在心里不断自问。我相信，她只是反映了一生的写照，也反映了她最初对自己的看法。

有一天，照顾她的工作人员告诉我她没下床，在床上休息。我悄悄地到她门边，却发现她两眼发直地盯着天花板，我靠近她说："我以为你在休息，但怎么眼睛睁这么大啊？"

她长长叹一口气。

我拿把椅子坐下来，将身子挨近她，然后认真地问："怎么了？心情郁闷？"

她点头。

"可以告诉我你想到什么了吗？"

她又叹了一声，然后缓缓地说："想到很多事，想到过去的生活。"

我接着："想到过去的生活很辛苦很难熬？"

她点头，泪水也渐渐地浮出眼眶，从眼角滑落。

我请她慢慢说，并告诉她我会很有耐心地在旁边听着。

她一边哭泣一边说着过去的遭遇，其实她并没有说得巨细无遗，但都是她放在心里浓得化不开的情感，有悲伤，落寞，惆怅与孤单。她说的其实是大家都知道的事。她从小是童养媳，被带到婆家时，仅仅三岁。从有记忆以来，她便辛苦地侍奉别人，勤奋地做着家事，她一直盼着和丈夫正式完婚独立一户的时刻。这一刻真的到来后，她怀了孕并生了长子，丈夫却丧生了。于是，她又独自扛起照顾儿子的责任，挨家挨户地洗衣帮佣来养育孩子，一心希望孩子能有好出息，希望孩子长大成人后，她便能安享晚年。但好像命运总是捉弄人，孩子娶妻生子之后，和自己的关系越来越远，后来更决定要移民美国。虽然他们曾询问老人家是否一同前往，老人却没有同意，她说移民美国等于将她关在鸟笼里，她从小没读过书，不会汉语更不用说是英语，若到了美国没有朋友，没有熟悉的土地环境，哪里都去不了，去美国不就是去坐监？

我问她："到现在是否曾有一丝后悔？"我知道他孩子一家人已很久很久没回来台湾探望她了。

她摇摇头坚毅地说："不会，我知道这样做是对的。"

于是我问："对你来说，现在生活最难过的是什么？什么让你很难适应？"

她说："是没有能力自己来做事情，什么都要麻烦别人，还要看人脸色。”说完她又忍不住流泪。

我抱抱她，我知道许多照顾员的态度都是无意识地表露厌烦与不耐，这是连他们自己都控制不了无法自我觉知的。老人的心里很难避免不受到伤害。

“我实在太爱哭，真的很抱歉。”她皱着眉懊恼地说。

我说：“你不用觉得抱歉，我相信若不是真的太伤心，你不会流这么多眼泪。”

她惊奇地望着我，难以置信地说：“真的？你不会觉得我很没用，这么爱哭？”

我摇头，再次说：“不会，相反的，我认为你很坚强，也很勇敢。”

她更惊讶，再次确认：“你觉得我很坚强？勇敢？”

“是的。你既坚强又勇敢。你想想看，若你不坚强，你怎么能在离开父母后，在另一个新家庭生存下来？你又怎么能忍受十几年的艰苦，吃苦耐劳让自己长大？若你不坚强，你又怎么能在丈夫过世后，独力扶养孩子长大，供养他生活读书？若你不坚强，你怎么能在唯一的儿子离开台湾后，自己独立维持生活？这若不是坚强，那什么才是坚强？”

她听后点头说：“听到你这么说，想想，那真的是坚强。”

我微笑说:“而且，是很坚强，非常坚强。我敢说，你以前很少哭对不对？”

她笑了,点点头说:“嗯！以前我很少哭,不会哭的。”

我擦着她脸上泪水滑过的痕迹，摸摸她白发苍苍的发丝说:“以前你要坚强地去面对生活中这么多的变化，你根本不能哭，也不允许自己哭；现在你哭，许多是为着以前没有好好哭过的伤心事哭的，它们累积很多很多，现在你终于可以让它们出来了，你累积太多太久了，当然需要很多时间来哭和伤心。”

她认真地聆听后，长长地吐了一口气:“啊！和你说话，心整个开了，觉得有人了解我。”她很感动地拉着我的手，但她情绪释放后，人很疲累，还是慢慢松开我的手睡着了，我也悄悄离去。

那天我知道她延宕的悲伤是多么需要人的理解。

但她悲伤的根源并未完全浮现，因最早对自己生命的看法，还没有机会获得平反。不知道是不是她敲醒了内心的痛而让她想要追求答案，事实上，这个答案是得不到的。后来却在意外的机会,我看见了她的悲伤根源,也看见她为了追寻这个答案竟是如此的努力。

事情意外展现的那日，老人刚被推到大厅等待用餐。她到大厅后，和平日一样望着来来往往的人，问何时送餐来。我那时正走过去问她需不需要人陪伴她。突然间，她对着一位来探望其他老人的中年男子叫了一声：“阿爸。”

中年男子被她的举动吓了一大跳，连忙摇手说：“不是，你认错了。”

老人不放弃，继续叫他：“阿爸，阿爸。”

男子紧张地说：“认错了，不是，我不是你阿爸，看清楚喔！”

老人皱着眉，不愿放弃地说：“你是，你是。”神情有点激动。

我忽然意识到老人最深处的悲伤或许和此有关。我对那男子提出请求，请他先做她的父亲和她对话。

男子尴尬地对老人说：“什么事情？”

老人又高兴又失望地说：“你怎么没叫我的名字？”

“啊？什么……”男子呆住，他并不知道老人的名字。

老人继续说：“我的名字是你取的，你怎么没叫？”

我小声告诉男子老人的名字，男子依着对老人叫了她的名字。

老人露出满意的笑容。我顺势问:“你的名字是阿爸取的吗?你还记得啊?”

她点头,十分清楚地说:“是的,是阿爸取的,阿爸以前都会抱着我,这样叫着我。”她眼里有十足的安慰与欢喜。

“阿爸对你很好吗?你有印象吗?”

“他对我很好,我们感情很好,他会抱我到处走。”

“那时你几岁?”

“大概是三岁。”她一直拉着男子的手,生怕他不见。

她微笑着望着男子很久,忽然吐出一句话:“阿爸,为什么要把我送给别人?”

男子完全不知道她的过去,愣了一下。我又悄悄地说:“她的父亲送她到别户人家当童养媳。”

男子听后,不假思索地回答老人:“没办法啊!事情发生就发生啦!你不要再多想了,让它过去吧!”

这次换老人呆住了。老人没有料到她心中思念的父亲回答她的是这些话,她真的愣住了,泪也慢慢地涌现在眼眶。

我再次请求男子照我的意思回答老人:“对不起,那时家庭环境不好,送走你是不得已的,我们也很舍不得，很心疼，心里一直挂念着你。”

老人听后很激动，泪水拼命掉落，她抓着男子的手难过地说：“阿爸，你知道吗？我过的日子很辛苦，很艰苦，我很想让你知道……”

我知道她最早的悲伤已经显现，那是分离与遗弃的痛苦与伤害，纠纠缠缠一辈子，她一直不明白何以她认为是爱她的父亲会把她遗弃？而生命遇到这么多的辛酸痛苦，无人可倾诉，她都自己忍着，但忍不住的是她想让父亲知道她如何坚强地承受所有的艰辛与难受，她冀盼的就是这位她生命中第一重要的人能给她一句安慰，给她一句肯定，她是多么努力做个好孩子。

男子十分配合地告诉老人他的心疼与肯定后，老人的情绪渐渐趋于平缓。男子因无法久留而离开后，老人惊慌地找寻男子，她深信那是父亲。

我想是时候让老人回到现实了，便告诉她，那男子并不是她父亲。老人太惊讶，说不出话，因刚刚的感觉是这么真实。我于是问她的岁数，她十分清楚地说：“八十七。”我又问了她父亲的年龄和她差了几岁。她认真地推算，说父亲现在应该一百多岁。我请她回想刚刚那男子的面容样貌是否像是一百多岁的人，她摇摇头，随即想哭。

我知道老人信仰基督教，于是我说：“你想要让阿爸知道的事，你一定会有机会让他知道。他现在在天父那里，天父在照顾他，你不用担心，你想对阿爸说的，我们请天父转告，也请天父让你和阿爸能相聚，好不好？”

她点头。

我们左右手一起交叠握着，然后一起闭上眼睛，她开口说：“亲爱的天父，我是阿秀，我要请您照顾我的阿爸，我很爱他和想他，希望我有一天去那里的时候，能和他见面，我们能相聚。奉耶稣的名，阿门。”

我离去前，大大地拥抱了她，我告诉她，她真的很棒很勇敢，我和她阿爸一样都心疼她，舍不得她受这么多苦，我相信阿爸不是不爱她而丢弃她，是因为许多的不得已，我相信阿爸一定也很难过很伤心。

老人欣慰地点点头。

老人在生命尾端还是决定把这个放在心里这么久的疑惑和遗憾翻出来，企图寻找安慰与生命存在的认可，或许这是她一生最重要的功课，也或许是她知道她真的想面对这个缺口，想要能得到确认的爱，修补一生的伤痛。

这绝对是很大的勇气，也是对生命的渴望：渴望让自己离开人世前不是带着一身的伤痛，无关乎身体的衰老败坏，而是心灵能平静与安然，所有累积恶化的伤痛都能获得疗愈，不再对自己的生命感到厌恶与悔恨。

我庆幸我的聆听与停留，让这份藏在心底最深的悲伤有机会被看见与抚慰。我也何等希望，社会不再漠视忧伤痛苦的心灵，在追求物质的同时，别忘了照顾生命，仍需耐心地陪伴与聆听。

答案的背后

我深深觉得，助人工作者在寻找答案的过程，其实不是在寻找一个答案，而是在寻找一个发现、一个理解与一个包容。

给别人一个答案是容易的，但要为自己的疑问找到一个自己能接受并且让自己茅塞顿开，有如打通任督二脉的答案是不易的。助人工作时，常有需要知道一个答案的时候：一个知道接下来该怎么办的答案，一个知道究竟为什么案主有这样的行为与想法的答案，一个知道怎么做是对案主最有帮助的答案，一个知道怎么做能让案主所承受的伤害最小的答案。

有时，不只如此，还需要知道在同侪之间，在上司与下属之间，在不同专业之间，谁的看法与答案最正确，最能有效处理与解决受助者的问题与困扰。

当一个助人工作者还是菜鸟时，总是问前辈、主管，怎么做才对，怎么看问题才对，唯恐做错一步，不仅没解决问题，还惹来一堆麻烦与风险。每当在个案研讨、院际研讨会议时，负责个案报告的工作者紧张得不得了，面对着一个个学术界大头人物、实务界大头人物，以及数位同样是专业人员的与会者，他们有成千上万不同的角度、不同的学派、不同的层次来告诉你一个他们心中最好的助人理论典范。有许多的机会，他们会告诉你这个没做好，那个错失良机，哪部分又没评估好，或者用尽办法让你知道你懂得还不够多、经验尚不足，你的专业处遇[①]不够正确。

印度的哲学教授(亦是影响深远的灵修大师)奥修，说过一个关于真理的比喻，他说许多人都有他的道（方

① “处遇”一词是据 treotment、traitement 等词翻译过来的，它含有吸入、处理、对待、治疗等意思。——编者注

法）去参透、领悟真理，于是他们都说着一条路，宣称这是指向真理。这就像许多人用手指着月亮告诉你月亮在哪儿，但你若要真的看见月亮，你得要自己寻找到月亮，而不是盯着手指头看。手指头只是那些人的方向，却不能让你看见真正的月亮。

说这个比喻的原因是，助人工作的领域有各式各样的理论学说来解释人的行为与心理，相对于奥修以“月亮”来比喻发现“真理”，助人工作者的“月亮”就是真正地理解人的处境与感受，真正地理解案主困难问题的症结与他们的需求，真正地协助了人。各式各样的学说理论都在帮助我们认识人、理解人，知道人的行为以及人发生了什么情况，所以人才是我们需要关注的焦点，而不是学说与技术，学说与技术都只是途径。

事实上，真正懂得如何接触人、贴近人、理解人、与人互动，绝不是教科书上的理论学说可以教会你的，更不是前辈或同侪三言两语可以传授给你的，无论如何，你都需要经历一个过程:疑惑、寻找、发现与理解；这是个整理心得的过程，得到一个你真正相信、真正领悟出来的答案，这答案会成为你的信念、你的知识、你的经验。

前阵子，一位过去在临床工作的同事分享了她的工作情形。在一个岗位上即将迈入第五年的她开始有了自己的心得，但她发现，她的看法却与其他同仁甚至主管的看法不同，因为看法不同，反应与接下来的处理方法也不同。她问我："谁的看法对病人才是好的？谁的处理对病人来说才是好的？"

我告诉她，既然她指明了是对病人好的，那么无论是谁的看法或做法，我们都必须再回到病人面前与他确认是否真是对他好的，是否是他所需要的，而不是将主体放在我们工作者的身上，去证明谁对谁错，这证明并没有让我们更理解病人，也没帮助我们更知道如何照顾病人，那么证明谁的看法是正确的就毫无意义。

我也与她分享，从事助人工作这么多年来，我渐渐地发现我越来越没有答案，不再有一套绝对的、僵化的看法去解读人分析人。我的经验告诉我，再明确的答案（诊断）也不过是一种角度，每个助人者带着不同的生活背景、成长过程、学习经验，这些都深深地影响助人者对于一件事、一个人的理解与看法。就如有人以遗传学、基因学来说同性恋是天生的；有人却以精神分析来说是一种心理疾病；有人以宗教学批评是一种堕落与罪恶；有人从人文、人本角度说是一种自我选择与自我决定的权力。每一个观点都像是一根手指头指向同性之恋，试图说明它是如何一回事。每一个观点都有它的道理与证明，但每个观点都只是从一个面向、一个角度来看这回事，再大再周延的研究也无法斩钉截铁地告诉我们唯一的答案是什么。

所以我们何需为着一个“标准答案”忙昏了头，而失去真正去接触案主、理解案主心理世界，真正给予案主他所需要的照顾机会。

不同的看法都值得我们倾听和思考，却不代表是绝对答案，而倾听和懂得再多的学问知识，也不是要证明自己多有见解多知道真相。这些学习过程，无非是为了让我们在面对人帮助人时，不是单凭自己有限的经验去臆测案主是什么样的人，发生了什么样的问题，而是多以宽广的频道去倾听案主的声音，以多面的角度去理解案主的经历与内心世界。

我深深觉得，助人工作者寻找答案的过程，其实不是在寻找一个答案，而是在寻找一个发现、一个理解与一个包容：发现过去未曾思考过的面向，理解一个自己未曾经历的处境，包容一个与自己的经验截然不同的立场或想法。

我看见许多过去接受学校标准化教育，习惯有标准解答，习惯照着标准解答默背，却不善于发挥自己思考力，也不知如何信任自己的人，在成了一名面对多变、多样人的助人工作者后，仍仰赖标准答案、标准作业来框架自己的工作内容与工作角色，唯有标准的答案可以对照，他们才能有信心地认为自己是零缺点的专业人员，也才能信任自己的专业处遇。

可是，在我看来却是可惜与遗憾。这样的标准作业过程（标准答案）早替我们想好一套如何接触人、如何处理问题、如何应对进退的策略，却不是活生生地与人互动，全心全意地发现一个人、理解一个人，进而与他同行，面对属于他的生命历程。

记得好多年前，当我还是一个菜鸟专业人员时，参加了某机构的训练课程，该机构邀请了国外的著名大师来讲演。此大师让我们看了他处理个案的过程录像带，看完后，他给我们时间提出问题。不知怎的，连续好几个人都问了类似的问题，像是：“我认为处理过程的某个主题很重要，你为什么没有从那里进入去处理？”“我觉得这问题的原因是——可以从……处理，你为什么没有这么做？”接连好几个这样的问题，大师终于忍不住说：“你们怎么了？怎么会沉溺于这样的问题上？与案主（家庭）工作，本来就有各种角度可以切入问题，但你可不可以用这种角度切入让案主与你一起工作，必须是在过程里评估案主是否准备好了，有时你想这么做，不见得案主接受或接收得了。在过程的每个当下，我们都必须和案主一起决定。我们不能选择每个我们觉得重要的主题来工作，每个当下，我们只能专心选择一条路来走。所以，那时我选择了这个点切入，和案主选择了这条路来走，请你们别再问我为什么不选择别条路……”

大师是外国人，没有被台湾的教育残害，所以无法很快理解为什么有那么多人这么问。我十分清楚，那些问的人其实是想印证他心里的答案——那个他视为标准答案的答案。因为他都是如此看问题、如此处理问题的，遇到大师不是如此处理、不是以此观点切入，他浑身不对劲，一心想要大师认同他的观点，说出他的观点与评估是正确的。

但这实在没有太大意义，已经有了先入为主的答案，再怎么观察案主的行为与想法，再怎么观察助人的历程，也只是不断拿证据来验证自己的观点是正确的。到头来，助人历程里的主体仍是自己，重要的仍是自己，案主反而成配角了。

有疑惑，当然想寻找解答，这是人的本能。但在获得一个答案的背后，我们是否准备好够宽广的空间来包容任何可能的答案？我们是否准备好面对自己的无知，承认自己的有限与缺乏？我们是否打算好好地让自己经验这一场发现与寻找之旅，并且不急着给自己一个答案？

我想，这些比只是寻找一个标准答案更令人惊奇，也更令人成长。

冰天雪地里的暖流

每逢大雪，而小学又不停课时，都有家长打电话去骂，妙的是，每个打电话的，反应全一样——怒气冲冲地责问，再满口道歉、笑容满面地挂上电话。

有位朋友寄了篇网络文章给我，这篇文章让每天收到十几封转寄文章的我超乎对其他文章的感动，甚至让我好感谢转寄给我的朋友，它让我对于照顾的意义与助人的精神态度，似乎又多了一层思考。如果文章所言属实，那么，我想建立台湾地区的人文关怀与人道精神，我们要努力的路还很长，我们还需继续坚持下去。

这是一篇纽约公立小学的故事：纽约的冬天常有大风雪，扑面而来的雪花不但令人难以睁开眼睛，甚至连呼吸都会吞入冰冷的雪水，出门是一件苦差事。有时前天晚上还一片晴朗，第二天拉开窗帘，才发现已经积雪盈尺，门都推不开了。

遇到这样的情况，公司会停止上班，学校也会通过广播宣布停课。可是令人非常不解的是，唯有纽约的公立小学，即使是雪积得难以举步，却仍然开放。在寒冷的冰天雪地的清晨，只见黄色校车艰难地在路边接送小孩子，老师们则一大早就喷着白烟，铲开车子前后的积雪，小心翼翼地开车去学校。

文章指出，据统计，十年来纽约的公立小学只因为超级暴风雪而停过七次课。这是多么令人不解的事，犯得着在大人都无须上班的时候让孩子去学校吗？小学的老师也太倒霉了吧？

于是每逢大雪，而小学又不停课时，都有家长打电话去骂，妙的是，每个打电话的，反应全一样——

怒气冲冲地责问，再满口道歉、笑容满面地挂上电话。

原因是，学校告诉家长：在纽约充满了百万富豪，但也有不少赤贫的家庭，后者白天开不起暖气，供不起午餐，孩子的营养全靠学校的免费中饭（甚至可多拿些回家当晚餐），学校停一天课，穷孩子就受一天冻，挨一天饿，所以老师们宁愿自己吃苦，也不愿意停课。

有些家长说：何不让富裕的孩子留在家里避风雪，接贫穷的孩子去学校享受暖气和营养午餐就好了？

学校的答复是：我们不愿让那些穷苦的孩子感觉他们在接受救济。因为施善的最高原则，是保持受施者的尊严。

是的，施行良善的照顾与关怀并不是为了使人受挫或受屈辱，无论是先天或后天因素造成的，一些人必须仰赖社会的资源与其他力量来维护生存。我们都不能因为我们有能力过较好的日子，以及有多余的力量给予援助而骄傲，自以为是地认为那些需要受助的人是无能与弱者，而加以评判论断。我们能在别人需要时提供一份关怀，只因为我们在做身为人才有的特权——能关怀与照顾除了自身以外的人，并且愿意相互帮助与照顾。

在许多临终关怀、助人技巧的讲习讨论会中，许多次都有成员提出一个问题：“你怎么办到的？你怎么能面对那些罹患重病的临终病人？我觉得他们好可怜，我好同情他们这么可怜，我根本就没办法去面对他们，我想我只会一直哭吧！或说不出一句话来。”

这个疑问，我一点也不陌生，事实上，长期以来，我也一直在思考，何以有那么多人遇见经历痛苦不安的人就想转身，而不愿面对？何以我们需要“同情”临终病人或遗族？

许多人听到我的论调，激动得要和我争辩，他们质疑我为什么不要“同情”他们，他们的确可怜啊！不同情他们又怎么会想去关心他们！

我的论点很简单，就是临终病人或真实遭受痛苦贫困的人其实是真正勇敢的人，他们是正在经历痛苦（suffering）生命的人，他们生命的苦涩艰辛恐怕不是未经历过的人能体会的，我们其实不需要“同情”，而是需要“尊敬”与“同理心”、“同感心”。

然后，不要剥夺他们身为一个“人”的权利。

三十多年前，精神科医师库伯勒·罗斯（Elisabeth Kubler-Ross）出版了一本震撼当代美国与世界的著作《论死之和濒临死之》*On death and dying*。在其著作中，她提出濒死心理调适阶段的概念。自她提出此概念后，相继有人投入到研究濒死与临终的研究中，后世的人皆着重在反驳与补充库伯勒·罗斯医师的濒死心理调适阶段说，大家反复讨论与思辨这濒死阶段说对于了解和照顾临终病人死亡过程的影响。不然，便是将这心理调适阶段视为不可变更的"公式"，任意地套在任何一位病人身上。

但是，却很少人将焦点放在罗斯医师撰写这本著作背后的精神与意义。她借由这本著作希望世人还给临终病人应有的权利——将他们视为活人。不要再抑制他们的声音，拒绝与他们接触，漠视他们的心思意念，在他们未离世以前，他们都是值得追求内心渴望、实现内心梦想、尽情发挥生命力量的活人。

我们的"同情与施舍"里，常包含一种强弱的不平等姿态，"可怜"的意涵里虽然含有恻隐之心的部分，却也隐藏一种评断，好像是别人不够好、做错事、失败、倒霉才遭遇这些苦难与痛苦。我们理智地想想，每一个人的人生都有可能遭遇苦难与痛苦。我记得以前在医院工作时，曾听一位专门研究罕见疾病与遗传学的小儿科医师说过，每一个孕妇都有几率生下唐氏症宝宝，也都有几率生下患有罕见疾病的孩子，那些生下唐氏症宝宝与罕见疾病孩子的妈妈不是做错了什么，也不是活该倒霉，而是替那些生下健康宝宝的妇女承担下那些几率，对于那些生下唐氏症宝宝与罕见疾病孩子的妇女，我们社会应该给予感谢与扶持。

我相信，社会上遭受各样痛苦的人们，不需要来自社会与人们的同情眼光，有时，同情与可怜的眼光会杀掉人的尊严，让人的灵魂因感受到人们的排斥与拒绝而受伤。

就像许多人的助人观念里，认为受助者既然受助，就不该表达自己个别性的需求与意见，无论我们给予什么他们就该感谢接受，不用你花钱不用你付出，你还有什么好挑的。有一回，我在养老院协助老人的晚餐进食，那天的菜里有青椒，厨师并未顾虑到老人的吞食能力而将青椒煮得不够烂，许多老人不是吐出便是硬吞而呛到。当主事者发现老人纷纷吐出青椒时，不是询问与关心，而是告诉老人们不可挑食。我立即告知主事者那天青椒的烹煮不适合老人吞咽。主事者立刻要求老人嚼久一点。我请主事者了解那天的食物真的需要改进，主事者突然将其中一位老人的饭端进厨房打成泥糊状，端来给老人说：“这样总可以吃了吧！”

老人眼里含泪，摇头说：“这样很难吃，我吃不下去。”

主事者仍然要求老人试试。

我十分惊讶主事者的行为及反应，也十分心疼老人，我无法忍受地问主事者：“给你吃这么恐怖颜色与样子的饭，你愿意吗？”

主事者终于作罢。

这样好似关怀的工作，本质里却是压迫与侵犯，甚至虐待的事，在我们社会各角落到处皆是，甚至社会也越来越默许这样的照顾行为，认为只要不是发生在自己身上，一切都不要紧，却不知道默许这样的压迫与侵犯，有一天便可能轮到自己被如此对待了。

或许因为这些观察，让我看见这篇纽约公立小学的故事后，不得不有这么多感触吧！

做个隐微的助人者

对那些喜欢强调自己的专业能力，老是高举专业精英主义的人，我和他们会像是两条并行线。

不久前，一位朋友的同学罹患重病，情况危急，她去医院探访之后，心里十分难受，整个思绪都绕在同学的病情与痛苦神情中。她和我谈到在病房所看到的情景与听到的话语，情况实在太沉重太复杂，牵扯的不只是病情如何抑或可以做什么医疗，还有在重病的情况下，甚至是接近死亡的边缘，究竟该如何与病人谈话，该如何与家属沟通，该做什么选择，该做什么决定，该把话说到哪里，该关心到什么程度，都成了极难判定、极挣扎的事。

即使只是偶尔在病房出现的她，都能深深感受到这庞大的压力，且深受影响。整个过程，她是皱着眉把探访经历说完的。我见她在某些沉默的时刻，不停地将口水吞了回去，我知道，她在克制她的难过与无力感。于是，我告诉她："想哭就哭吧！你的朋友痛苦，你也会痛苦的。你的朋友受伤受苦，你也会受伤受苦的，因为她是你的朋友。"

她终于在这样的允许下体察到她内在的伤痛，也承认她心中的诸多情绪：担心情况瞬间变糟，害怕会失去一位一起走过生命某个阶段的朋友，也犹豫自己该提供什么样的帮助。

没有人会希望看见别人忍痛受苦，我们都会希望立即改变不好的状况，立刻让不好的事终止。但面对一些看似无能为力，看似没有好转的情况，无论角色是亲人是朋友，甚至是提供协助的专业助人工作者，都会免不了受到冲击，感受到无力与焦虑。

在许多次分享助人工作经验的机会中，有些参与者会好奇地问我，曾经担任协助临终病人处理社会和心理需求的社工师，面对一个个痛苦与哀伤甚至死亡的病人，一个个心灵破碎哀恸的家庭，我都是用什么方法调适自己内心与生活所受到的波及，或者有没有什么方法可以让自己免于受到波及？

我一直很诚实地面对自己在助人工作中的种种心理变化，也一直希望自己不要躲在“专业”角色背后，伪装成超人的形象，假装自己是一个不倒金刚，永远是强大而精明的。对我来说，助人的历程中，我也还在体会身为“人”的情感与意识变化，同时体察自己面对困境与压力的模式与因应方法。我总是诚实地回答发问者，对我来说，没有任何方法能让自己的生活或生命免于受波及，除非自己不用心、不带感情地面对那些在我面前的受苦灵魂。但若我的生活与情绪受到影响，我是不会任其不可控制，我会在之后想想自己可以如何处理与如何照顾自己的需要。

人们对于专业者总有一种应该是理性、不会感情用事的刻板印象，总认为，做那种每天都要面对痛苦、哀愁、沉重气氛的助人工作，一定要是个心脏强、不易受情绪影响的人。当我说出我自己其实很感性，也会感受到限制与沮丧、挣扎与怀疑时，就曾有一位与会者突然说："啊，你也只是人！我以为你见多了生死场面早已成为不受人间情感困扰的仙女了！"我笑说："我既不是仙女，也不是天使或菩萨，我很乐意当人，因为人生一遭经历各种情感起伏，虽可能是痛苦，却也可能是精彩。"

在专业养成的过程中，一个所谓专业助人工作者的确需要训练自己"不感情用事"，但这层意义并不意味着助人工作是"不带感情"。"不感情用事"是希望专业者不舍弃理性，避免让自己落入一种无处着力的绝境，任由情感左右而贸然表达或决策，失去了思考力与评估力。但这不表示助人者需将自身情感隔离或移除。若我们去访问许多参与助人工作的人（无论专业或半专业、志愿助人者），会发现他们愿意投入助人工作，正在于助人工作有着疏离社会中难得的信任与关系交流，也是一份有温度与暖度的工作，而这份温暖不仅能激发案主发挥力量走过幽谷，亦能给予助人工作者力量持续投入服务；不仅能抚慰案主的受苦受痛心灵，亦能抚慰助人工作者曾有的受挫心灵。

若我们杜绝感情进入助人关系中，便杜绝了领会这些美与好的情感流动。

我在临终病房工作的日子，虽然必须时时面对病人的死亡冲击、家属悲恸沉重的情绪压力，但同时，我清楚认识自己面对死亡与悲伤的反应与想法，也更清楚知道支持自己生命与工作的信仰观与人生观是什么。病房工作的经历，让我领悟了活在当下与活得无憾的意义；并从病人的生命经历了解到原来爱与亲密关系才能帮助人跨越痛苦与死亡威胁，而非地位或财富。这样的领悟与了解不仅让我更懂得贴近病人的心，也帮助自己学习认真过日子、勇敢做自己。

这些都是我用情感、用心投入后所淬砺出的心得。

所以我不认为专业就该不带感情、不受工作的影响。我也认为助人工作之所以产生沮丧与挫折的原因，并不在于投入太多心、太多情感的问题，而是常来自于一种不合理的期待:期待既然是“助人”与“辅导人”，就该有效率地帮助人、改变人,让别人的情绪立即变好，状况立即改善，问题立刻迎刃而解，如此助人才有成果与意义。

若以这种结果论来看我过去的工作，难怪许多人认为我这工作既不能让人挽回生命，也不能让人免于失去亲人，当然是个无力又沮丧的工作。因为我的助人工作难以看见“好”的结果，也难以具体说出究竟帮助了人什么。

所幸，多年来，我很少以结果来衡量自己的专业能力。

一个人的问题与状况能不能获得改变与解决，有太多因素交互作用，有的是现实生活层面，有的是心理情绪层面，还有人际互动、环境状态甚至政策、文化等层面。太简化一个人改变所需要的历程，同时也会简化了问题的症结，导致过快地把所有责任推给自己或受助者那方，而使自己或对方感受到过大的压力而受挫受伤。

我常听见助人工作者有这样的说法：“跟他说几次了，他还是这样……”“该说的都说了，该帮的也帮了，他还是这样。”“为什么他还是这样做，这样决定？”

这些听起来失望与沮丧的话语，里头其实都有着期待：期待对方爱自己、能为自己好、能过好的生活、做正确的决定……

但其实，里头也隐藏着强势的意见与强烈的价值取向，认为人该怎么做、怎么选择、怎么决定才是合乎助人者心里对于好与正确的价值判断，却忽视了人人皆有不同的自由意识，有自己的价值取向与决定权，并且每个人都有不同的时机与道路，去体会与学习面对属于自己的生命功课与议题。没有人能为另一人完全省去或替代人生里该走的路。

我记得曾读过一些国外的社工专业文献，有这样的一句话："一个成功的助人工作者，并不是让案主多需要你不可，而是要在你离开他们之后，他们所受的影响很小，不会因为你的消失而不能运转。"

但反观国内社会则流行一种助人文化——显示自己多能帮助人、多能改变人，以显示自己多专业。常常可在言谈中嗅到一种气息：大家来比谁做得最好，谁做得最专业，案主最需要谁。

当然，若要搬到台面上来让人可以看见助人工作的成绩，这是一种必要策略。但如果太过头，只在意表扬机构的好与专业人员的能力，不断显示做了多少事，帮了多少忙，不就忽略了受助者本身的能力与努力，也忽略了他们才是自己生命的主人，才是最有权为自己的生命做选择与做决定的人。

当我体会到助人的意义不是为了彰显自己的能力，

而是要成就案主有能力追求自身的幸福，有自主权决定自己要过的日子的那刻开始，我便不再期待案主照着我所建议所认为的专业意见而有所改变。我认为在助人的关系与历程中，我只是代表着一种可能性、一种资源、一种看法、一种意见、一种支持与一种选择，但最终能决定要过何种生活的人，还是他们自己，他们终究要能倾听自己的声音与尊重自己的意愿。而助人工作者也必须学会建立倾听的频道与学会尊重人。

我还记得，曾有专业同侪听我说出这番想法后，用十分质疑与嘲讽的口吻说：“那么，你对自己的专业角色与存在价值是一点也不认同啰！”

我听后，只能大叹一口气。我想，对那些喜欢强调自己的专业能力，老是高举专业精英主义的人，我和他们会像是两条并行线，恐怕是难以有交集了。

未完的功课

> 我有一种感觉：再苟延残喘下去，不仅我的服务热忱和专业质量都将失落，我也即将变成一个我所不喜欢的人，一个不能再感受助人工作意义与喜悦的人。

人活在世界上，无时无刻不面对良知的考验，良知固然是一种社会道德教育后的产物，但我更相信，良知是人类与生俱来的本能，是一种知道对他人、对社会、对环境何者为善的能力。以宗教观点的力量影响，人要能辨别出善、趋向善，才能有杜绝沦落至恶的可能。以心理学观点来说，善恶共存在人性里，人通过认知、情感、知识、价值体系、经验等，来选择与取舍善或恶的反应与行为。

专业助人工作更是在这样的取舍历程里，必须时时刻刻面对良知的考验与抉择。这不单是因为专业助人工作面对的对象是活生生、持续改变的人，有着复杂的想法感受，助人者本身亦是活生生、有着自我意识、信念与价值观的人，要能在助人的历程中保证对受助者是良善的有利益的，还需要善尽保护与不伤害原则，是助人者的重大考验。然而，考验不止于此，当整个助人历程结束后，助人者必须还能在回顾的过程里，再次面对自己的专业与非专业的良知，再次审视自己是否对得起自己的良心，是否没有在当中造成了什么遗憾或失误。

我是个很爱看日剧的人，相较于台湾的电视剧，日剧有诸多关于人性与专业良知考验的探讨。我印象中有两出日剧对于人性与专业良知、道德的冲突，还有对受伤害受苦的家庭的心境有很深入且写实的描写，给人许多思考与反省。

一出名为《太阳不西沉》，另一出为《钻石女孩》。两出戏很巧合，都有律师此等维护人们幸福与权利的正义专业角色，也有着一个面对亲人突然在医院死亡而受苦、濒临破碎的家庭，还有一个故意隐藏医疗疏失却有着强大专业护体，且结构坚硬的医疗机构。两出日剧的律师也凑巧曾经在协助无助受害家庭的过程中受伤，深深怀疑自己的专业初衷与热情，而拒绝再接下这样的案子。但相较于两出剧中其他律师不曾接过这类案子，只因评估绝对打不赢，没有什么胜算可言，而拒绝接受请求看来，两位律师主角可说是非常具有良知，且不断面对自我与专业良知考验的清醒人。

此外，两出日剧都借着描述一个残酷的过程，试图让观众体会一个观点：通过法律诉讼程序来寻求亲人死亡真相的家庭不全是出于争取赔偿金、想乘机捞一笔的心理，而是不想让亲人死得不明不白，且不希望让庞大权力结构下的医疗专业人员因能湮灭证据、层层相护，而罔顾人命，罔顾良知，使得下一个受害者出现。国外的遗族悲伤辅导文献中也呼应这样的观点，认为遗族参与司法审理和诉讼不是为了逃避面对伤痛的防卫，或许有些许这样的功用，但专业介入的经验说明投入这样的过程亦是遗族经历悲伤的重要过程。[①]

跟律师专业人士或医疗专业人士相比，一位社工师的专业良知与自我良知或许没有这么具有争议性，但不可否认地，既然也是专业助人工作的一种，仍有一连串的思考与抉择过程，无法省去自我良知审视助人历程的每个环节，像是：在强大压力的威胁恫吓下，能不能再勇于维护受侵害者受暴者的安危；在营运有困难的机构下，能不能秉持捐助者的意愿，不将捐款巧立名目做他图使用；在与机构的共生关系里，能不能挺身阻止伤害案主的事件发生；发现有滥用医疗资源或社会资源的情况，是否能不畏于权高者的意见而予以拒绝？

社工专业助人者或许不需面对强大的舆论压力与社会评价，但面对自我良知的考验可并不轻松。特别在职场环境、工作经验、年资的交互影响下，社工专业助人者在有所学习、有所取舍、妥协之后，是否还能秉持良知、公平正义以及维护弱势者的信念来助人，

① 参阅《与悲伤共渡——走出亲人遽逝的丧恸》一书，许玉来等人翻译，二〇〇四年四月，心理出版社出版。——作者注

不膨胀自我的能力，不以为自己全然是正确无误的，这是一个更大的考验。

在前述的两出日剧中，十分有趣地各安排了一位单纯相信正义、单纯相信这世界是有真理的人。他们没有经过社会过度的教化，没有经过太多现实的磨炼，也没有太多自身利益是否会受影响、自身是否会失去太多的考量，只因他们的坚持与相信，分别感动了曾经受挫失望的律师，让他们忆起自己尚未完成的功课——去追求真相与维护正义的初衷与信念。

这时，不免令人感叹：难道能坚持理想、初衷、热情的人一定是个初出茅庐还不知现实压力是什么的“小朋友”吗？而一个有丰富经验、有熟练技巧与知识的“大人”，就会是一个跟现实妥协，不再追求理想与正义，只顾利益与成效的人吗？

在七年的专业助人工作生涯中，我时常自问：“我是否还是个有热情的助人工作者呢？我的良知是否对得起我所委身的专业工作呢？”“我是否因为熟练、因为经验而不再将案主心里的事视为大事，仅视为一项业务或每日流程呢？”

对我来说，这是面对自我良知考验时省不了的反省过程。我也认为任何一种专业助人工作者，如果不再问自己这些问题，他的助人心可能已经是死的；他的自我成长、专业成长也可能已有一只脚踏入坟墓。

过去，我在一个别人所羡慕的大医疗机构下担任临床社工师，从现实因素来看，这间医疗机构在经济不景气的情况下，仍提供给员工不错的福利，薪水稳定、上下班稳定、休假稳定，若是一直做到退休，应该也有笔不错的退休金。在这些条件下，我实在没有离职的理由。也难怪乎，为上者对于要离职的员工，总有一种不能理解的心态，认为在恶劣的大环境下，机构还能提供稳定的饭碗，还有什么好挑剔的？

我也曾经想过，我可能就在这机构终老了。因为这样的念头，无论我的助人工作做得多不起劲，或做得多累垮身心，我总想忍一忍就过了，能做多少就做多少，要紧的是有一份薪水、有一口饭吃。

但当我的专业良知和个人良知都跑出来审视自己时，我还是免不了地愧疚，免不了地怀念自己刚踏入助人工作时的热情与冲劲，和许多的求知欲与学习动机。但这些似乎在职场生涯中被一点一滴地消耗了。

直到有一天，一位我照顾过但已过世病人的妻子来机构探望我时，向我提出她的感觉。我永远记得那天她感谢我的存在，感谢我在病房里帮助了病人与家属，但她表示看见我的外在内在都已累坏了，她觉得我该好好休息，不是短暂的休假，而是彻底的休息，重新找回生命的能量与助人的动力。

我当下觉得懊恼，因为我不希望让她感受到我的疲累与限制，所以我立即跟她澄清，我说："我还是很尽力的，不论我多累，我都会尽力照顾我所服务的病人与家属。"

她听后，笑了一笑，缓缓地对我说："我知道你会尽力的。但是，过去你精神好、有力量时，你的尽力是八九十分的质量；但现在你的状态不好，不只是做任何事都更加费力，你的尽力质量也只在三四十分。对你来说你会觉得都是尽力，但对于那些被你服务的人来说，却是相差很大，接受到完全不同的质量。"

我听完她这么说后，有种当头棒喝的感觉。一来是因为我下意识地掩饰(连自己都没有觉察到的掩饰)，竟然连一位偶尔来找我一次的家属都感受得出来，这让我十分讶异。二来我发现，原来我所谓的专业服务质量正持续下滑，我自认为一直是尽力的，没有对不起病人及其家属，但其实我的尽力也只是尽我残余的微弱力量而已，我怎能大言不惭地说尽力了呢?

那次对话后不久，我开始思索我该做什么调整，该怎么来面对我的专业生涯危机呢？我有一种感觉：再苟延残喘下去，不仅我的服务热忱、专业质量都将失落，我也即将变成一个我所不喜欢的人，一个不能再感受助人工作意义与喜悦的人。

没多久，我便提出辞呈，开始去寻找我人生的转机，也开始寻找我投入助人工作原本的热情与初衷。直到现在，我仍在寻找的过程当中。

我心里一直放着一个社工前辈的故事，那是她还是医务社工师时发生的事。有一天，她所任职的医院急诊室来了一位濒临死亡的肺癌晚期老人，无家人在旁边照顾他。急诊室会诊了这位社工前辈所参与的医疗小组后，小组认为应该让病人到病房有质量有尊严地走完最后一程，而不是在嘈杂的急诊室直到被宣布死亡。

由于内科床位不足，急诊室无法安排这位病人住院，并且认为病人既然快死亡了，对于医疗中心而言似乎住院是没有意义的。社工前辈不停地找医师沟通，希望能让老先生到病房安详而舒适地善终。在她不放弃的沟通下，那位一直低头忙碌的医师终于抬了头，看见她认真的样子，于是问了她："他是你什么人？"

她很坚定，一字一句清楚地回答："他不是我的亲人，他是我们团队所会诊的病人！"

她说为了病人的权益与需求，她一向是勇敢的不退缩的。

我相信在台湾地区一定还有许多像她这般有丰富助人经验、有年资、有学识的社工专业工作者，如她这样勇敢而坚定地为了一个资源贫乏、弱势的老人争取协助，他们凭的正是助人的热忱、良知与理念，在意的不是自己的人脉关系，不是如何好办事，也不是如何省事！

因为社会上一直有这样坚持理想、良知与热忱的助人工作者，才能不断创造出助人工作的意义来。而我，也能在追寻助人工作的第二春中，从他们身上持续看见希望，领悟真理。

国王的心安草

我虽算不了什么，但我知道你要我做一株小小的心安草，所以我尽力也心满意足地做一株心安草。

我们都希望生活能幸福。网络上流传着各式各样的文章提醒人们“要幸福”，但说真的，很少人真的同意自己是幸福的，我们总有说不完的苦楚和抱怨不完的事，就连台湾地区电视播放的某党选举广告都抓住民众这样的心情，拼命诉求我们的人民过得多苦：没有工作，没有钱交医药费，没有钱交学费读书，没有钱……真是太苦了。

遇到这样怨声不绝于耳的社会现象，人们为了减轻痛苦的感觉与现实生活的压力，会产生一种自我安慰的心理，这种心理就是——比较，和比我们状况更差的比，和我们处境更坏的比。然后在这样的比较中，生出另一种感到安慰的心理：我还不错，还有人比我更差更不好，我应该要知足才是。

许多人发现这样的“比较”，果然颇有安慰的效果，所以纷纷实行这样的“安慰法”来助人，教化人如何在逆境中想开点知足点。

我们如果摊开一些助人关系的对话过程，其实不难发现，许多助人者（这里泛指专业助人者、半专业助人者或非专业助人者）都有这样的劝说（专业上称为辅导）：“你为什么自怨自艾呢？你看看别人的状况更惨更糟，别人还是努力地活着啊！”“你为什么埋怨呢？你有得吃有得住，还有什么不满足的呢？”“你应该知足，有多少人想要工作却没工作。”“你虽然断了一条腿，但看看别人比你更不幸，连命都没了，你该感恩了。”

我们仔细思考这样的论点，可以发现，这些语句里，大都是将一些自觉不足、贫乏、不满的人与一些比他们感觉起来更差更糟更惨的人做比较，然后在这样的比较中，让这些“怨天尤人”的人感觉自己真是“身在福中不知福”的傻瓜。

此类安慰人的方法，其实是反映整体社会的一种习性与文化，一种价值观与生命态度。

说起来，其实还蛮一致的，无论助人者或受助者都是在同一种思考逻辑与行为反应下生活。

我们先来说说为什么人会觉得不满足？为什么人会不觉得幸福与快乐？为什么人会自怨自艾埋怨不断呢？

当然我们可以说是人格的因素，教育的因素，调适模式的因素。

但我要说的还是——比较的因素。

这些感到不满足不快乐的人，在他们的生活环境里都有明显的或隐藏的比较气氛，而这些比较中，他们看见别人是更好的更出色的更优越的，相形之下，只看见了自己的不足与限制。例如：一个妈妈知道隔壁邻居太太的孩子考上第一志愿，她的孩子却是第三志愿，她不快乐了；一个老人看见他的朋友有妻有子有孙，他却孤独一人无人照料，他不快乐了；一个孩子看见他的同学有更新的手机，他父母却买不起，他不快乐了；一个老板，发现另一个企业老板的房子更大更豪华，他却没有资金买更大更豪华的，他不快乐了；一位晚期病人看见他的朋友们都还健健康康地生活着，他快乐不起来了。你能叫他不要比较吗？

事实上，很难。我们的生活中就是充斥着比较，分数要比较，成就要比较，谁嫁得好娶得好要比较，薪资要比较，身材与容貌也要被拿来比较。就连安慰人的话语里也散发着“比较”的气味，只是，这时人们为了安慰人，要受安慰者转向跟比自己“更差”的人做比较。在比自己还差的人面前，自己“拥有的”就变多了，换成别人是不足与缺乏的，自己当然也就优越起来满足起来了。

这样的比较只是换个方向，怎是真正的幸福与快乐呢？只要又回到原来不如人的环境中去，幸福感快乐感马上就会消失了，这样的短暂安慰对人有实质的帮助吗？

况且，若是我们总要与比自己还差还不好的人比较，才知道自己有多幸福，才知道自己该满足，那不是说我们的社会应该永远有更低下阶层，也应该有不幸的人存在，因为这些人的存在、这些人的痛苦能造就我们的快乐与优越。这样的社会岂不残忍？人人皆有种“别人不幸，我就会快乐”的暴力思想。

要让人活得幸福活得快乐，就要放弃“比较的思想”，我们的社会也需打破“比较”的价值判断与“阶级”的观念，因为这些都让人活在束缚中，永远活在有更上一层的生活要追求的日子里，却忘了自己是谁，不知道自己真正需要的是什么，也不知道自己真正拥有了什么。

在《荒漠甘泉》中有段可爱的故事，大意是说：国王有一座花园，里面有各样的花树植物，国王一直很喜欢他的花园。有一天，国王走到花园，却吃了一惊，因为那些珍贵美丽的花朵与高大挺拔的树都奄奄一息了。他甚为伤心，一直走来走去，不知为什么变成这样。突然间，他发现有株不起眼的心安草仍然有朝气地展开自己，国王惊奇又兴奋地问心安草：“你怎么活得好好的呢？你似乎一点都没有沮丧哀叹。”后来国王终于知道原来橡树因为自怨没有松树那样高大俊秀而心生厌世之心；松树又恨没有像葡萄藤那样多结果子而郁郁寡欢；葡萄藤也不快乐，因为它终日匐匐于地，抬不起头来；牵牛花也病倒了，因为它叹没有紫丁花香；紫丁花也叹自己不结果子。

于是国王好奇地问心安草为什么不忧郁不沮丧。小草回答说："我绝对没有沮丧或灰心，也不失望，我虽算不了什么，但是我知道若你要在花园里有棵松树，你会种植松树；若你要有一棵葡萄树，或者桃树，或者牵牛花，或者紫丁香，你就会去种植；但我知道你要我做一株小小的心安草，所以我尽力也心满意足地做一株心安草。"

我以前工作的机构，团队的工作伙伴们一直用心努力地照顾病人，让病人获得好的对待与医疗服务一直是团队觉得最重要的使命，也是机构存在的意义。但主导者一直散发一种信息：我们应该更好更优秀，甚至期许机构保持台湾地区第一的位置。主导者不断扩充病房和床数，又不断要求工作者应提出研究报告，争取学术地位，又要我们有国际观，所以应努力加强语言能力，介绍我们机构给国外的机构认识，使我们能超越台湾地区本土地位，迈向国际。

当然，这的确是远大的宏观与愿景，但却可能是危险的迷失：忘了自己的本分，迷失了机构存在的意义，更失去了照顾好病人才是最重要的核心价值。渐渐地，临床工作者感觉到永无止境的目标，也感受到自己永远的不足，还失去照顾病人的热情与初衷（早在其他要求中消耗殆尽），离职率也节节高升。这当中，不只工作者体会不到生命的满足，相信病人也体会不到满意的服务质量。

反观另一所相同属性的医疗单位，他们的工作人员很少投入在有名声地位的各类活动里，他们的床数也一直维持原样，他们的工作人员几乎没异动，他们也不会想争着谁是台湾地区第一，谁又是国际水平。他们默默地、尽心地、认真地、专注地做着自己的事，做着他们存在意义核心的事。来到他们病房的人总能感觉一份恬静与安然的气氛。他们不与比他们有更多有利条件的机构比较，也不与比他们资浅、经验不足的机构比较。他们的特别正因为他们就是他们，他们就是如此自然又安然地存在。

这样的机构，不自卑，也就不需要证明优越。当然也无须老拿一个对象来比较，证明自己真的是优秀的。有比较不就有痛苦吗？与比我们不好的人比较，也不过是将自己的痛苦转嫁在别人身上。

要改变社会这样的价值态度当然是困难的，非一朝一夕能改变。但我们在面对别人迷失自我价值、感到不足与自卑时，我们可以别急着只是要他们看开点，叫他们看更惨更糟的人来获得心理平衡，而是需要和他们谈谈这些他们在乎的“比较”从何而来，也和他们谈谈他所遵从的价值观是否是他内心所渴望而信服的。然后再谈谈他想要的幸福生活、满足的生活是什么样子，这些幸福生活的期待是否合理、是否是真正的需要，或者，只是顺应在主流价值下，拼命追求主流价值对个人的要求与压制。

我们需要让他们知道一件事：若是掉入追逐的游戏里，永远有追逐不完的更好状态，是获得不到真正幸福的，因为一旦你跌落了，就会继续怨与苦了。

人会不断“比较”，是因为人天生有优越心态，总希望自己真的高人一等，却又同时显露出自己是多么担心、害怕自己的渺小与虚无，使得别人看不见。

若我们的社会能人人尊重彼此，也看重每一个人的价值，我们就不需急着出头，急着要条件与光环来证明自己的存在是有理的，那时，或许人才能真正幸福。

陨落的星石

人生若没有了痛苦，不曾经历沧海桑田，对于生命的体验会少了一个重要的部分，他的感觉知觉也会封闭在某一空间内，无法拓展无法深入。

我的工作所接触的人，大都是重症的临终病人，或是一些失忆失功能的老人，每每有人知道我的工作后，都不免问我一句：“很痛苦吧！你常常面对不痛苦吗？”

是的，我要承认这样的工作是痛苦的，必须承接大量的悲伤与失落，必须面对诸多复杂的情绪与想法。

每个人当然都希望生活是无忧无苦的，人性本有趋乐避苦的本能。

只是，我要说，人生若没有了痛苦，不曾经历沧海桑田，对于生命的体验会少了一个重要的部分，他的感觉知觉也会封闭在某一空间内，无法拓展无法深入。他将无法感同身受别人的苦痛，也不知这苦痛对于人的意义为何。当然，对于敏感体察与理解别人的痛苦像隔了一层纱，始终模糊。然后几近崇拜地顺从道德与社会规范对于生活行为的要求与塑造，很表相地看待痛苦这件事，以为只要人不去想痛苦的事，不意识痛苦的记忆，维持每日千篇一律的生活作息，人类有何痛苦可言，痛苦对于这样的人来说，只是一种无病呻吟，也无益处可言，探究思索是浪费时间。

我想，可怕的还有无法意识与理解种种的伤害如何造成人类的痛苦，也无法以慈悲的心善待痛苦中的人，更别说是安慰。

我在一个经验中领悟了这一点。有一回，我带领一个小团体赏析影片《Shine》，台湾译成《钢琴师》。这部片改编自澳洲著名的钢琴演奏家大卫·赫夫考 *David Helfgott* 的真人故事。大卫出生于传统的犹太家庭，他的父母亲曾经历希特勒的暴行，被抓进集中营，他们的亲人大都死在毒气室内。

虽然他的父母幸存了下来，但他们时时刻刻都活在屈辱与恐惧中。大卫的父亲以严苛得接近病态的方式，要求大卫自小学习钢琴，他将大卫的琴艺成就和自己的成败深深地联系在一起，若大卫比赛失败，没有拿得第一，父亲便暴怒。传统的犹太母亲，贤淑不多言，只能顺从丈夫。所以在家庭中，母亲几乎是隐形人，只负责照顾生活饮食。

大卫的童年、少年至成年都是在父亲的期待下勤奋练琴。他一直以父亲的眼光来要求自己，并挑战父亲眼中认为难度最高的曲子，难度之高，连指导教授都不予鼓励，但他仍是坚持。终于在一次大赛中他击败对手，拿得殊荣，却也是他神智崩溃、住进精神疗养院的开始。

他大半辈子活在自责与挫败的痛苦中。因为违背父亲“没有人可以离开家”的命令，选择接受英国皇家学院的入学邀请到英国进修，他和父亲的关系降到冰点。他始终抱有歉意，觉得自己是坏孩子，就算他如愿完成父亲的期待，还是得不到父亲的肯定，罹患精神疾病更是让他无法体验成功的滋味。

自发病之后，他像一颗陨落的星石，从乐坛消失，从此过着神智错乱的生活，无人关心，以院为家。

这是部悲伤痛苦的传记电影，所幸影片最后大卫获得真爱，在毁灭边缘重新找到自己，也重新找回自己对钢琴的热爱，不再是为父亲，不再是为了满足父亲未完成的梦。

这让观众心里多少获得安慰与释怀。

影片结束后，许多团体成员的感觉是震撼与悲伤，他们或多或少忆起自己与家庭之间类似的纠结经验，也对大卫生命的苦痛感同身受。许多人感叹着大卫的生命几乎被牺牲了，好长的岁月，他没有自己的梦没有自己的喜爱，唯一为自己做的选择，还被冠上背叛家庭、亲人的罪名。

当大家一片欷歔时，有一位成员十分理性并带些不以为然的口吻说："这样有何不好？这样他才能有非凡的成就，若没有他父亲这样对他，这世界就少了一位出色的钢琴家。"

大家听后，一片愕然。

我还记得我当时的吃惊，因为之所以组成这团体是为了关怀医院中遭病痛之苦的患者，特别是儿童，影片讨论的目的是希望他们对人复杂的情感，家庭对个人的影响有些领悟与学习，协助病人的情绪得以缓解，而不只是表面的劝慰。

我宁可相信这位成员只是压抑对痛苦的感觉与知觉，而说出这句看似正面的话，也不希望他是真的无法对别人的痛苦感同身受，不能理解为何人会痛苦。

若人类失去感同身受的能力，将造成什么样的社会？我们对于世界、对于弱势、对于处在生命幽暗中的人，将不能付出关心，也不知如何成为一个陪伴者、倾听者与照顾者。

痛苦的确是可怕的事。许多医疗院所、照护机构里的许多人，早就因日日面对人们的痛苦而麻木匮乏，他们自己以及社会的人都忘了，他们也是身处痛苦的人。他们无法再将心比心地感受别人的痛苦，因为也没有任何人能感受他们身为照顾者的痛苦。

这似乎成为无解题：没有被妥善照顾的照顾者，无法妥善照顾那些需要被照顾的人；没有获得适切照顾的人，因而经历更大的痛苦。如此地恶性循环下去。

因为怕痛苦，不想再多负担一些情绪劳动，能做的便是维持基本的规律的生活照顾，至于生命尊严、心理需求、灵性需求都是高不可攀的主题。

我参与大大小小医疗院所安宁疗护训练，也进行了一些学校的生命教育，曾看见许多人因为无法理解，而将病人深层内在痛苦的故事当做好玩的事，哈哈大笑。当然，也有一些人私下来找我谈话分享，因为他们内在深藏着难以让人理解的悲伤与痛苦，当他们听到病人的痛苦与心情后，他们的痛苦得到了理解，也得到释放。病人的故事和他们的生命经验因此有了交流，因此创造出意义。

我很难忘记，一次全天候的讲习结束后，一位照顾罹患忧郁症老母亲的中年女性等着和我说话，她问："听了你所讲的悲伤关怀与辅导，不知道我母亲是不是内在有过不去和未解决的悲伤。我该如何帮助她？"

这是个多重障碍的情况，老母亲行动不便，不能外出求助寻找心理协谈，但忧郁症使她将全家人的生活搅乱，甚至多次有伤害别人与自己的行为。实际的情况是，医疗资源、社会福利资源有限，服务范围与内容也有限，这位女儿寻遍各种方法，母亲的问题仍持续发生。

看着这位焦急的女儿，我知道她好想化解母亲的痛苦怨怼却屡遭失败。我问："面对这么困难与疲累的生活，你也需要被好好照顾，有没有人可以照顾你呢？"

这位女儿终于难忍泪水，承认自己内在也承受了痛苦。

看见她不再焦急问着如何解决母亲的痛苦，我知道因为她的痛苦已被理解与释放。

对于真实人生场域的痛苦，的确许多时候是无解的，甚至遥遥无期，不知什么时候可以终结。但我相信人们的理解与允许痛苦的人引流出内在真实感受时，痛苦便得到一次照顾。

真正打击人的不一定是痛苦事件，反而是来自于人们的不能理解与漠然，如此，痛苦才更加剧烈，让人感觉被遗弃与厌恶。

身为一个照顾者、助人者，是不得不面对痛苦的，敏感觉知自己的痛苦经验，我相信能帮助我们理解与接纳受助者的痛苦感受。当我们懂得痛苦时的需要，我们也就知道别人真正的需要是什么，不会再是强烈的压抑与祛除感觉了。

夺门而出的悲哀

有一天，他想从楼上跳下逃出，被发现而遭制止，从此他成为问题人物，照顾员觉得必须严管这个人，常对他大声吆喝，对他没客气过。

曾有一个人告诉我，他去一间养老院等一位帮老人剪头发的义工朋友时，看见养老院里有位老人不愿在座位坐好，一直吵着要出门要回家。养老院的照顾员拉着他，要他哪里也别去，快点进屋子坐好。老人不听，还是一直往外走。这时，照顾员高举手作势要打下去的模样，嘴里说着:“再不听话，要打下去啰！”

亲眼看到这事的人说:“真不敢相信，我是一个外人，他们也不顾在外人面前，就做这样的动作？不过，或许他们不是真的要打，只是吓吓老人，就像我们管教小孩，孩子要是说不听，也是会举手作势要打。”

这个人的看法确实很有道理，社会上常有人说老人就像小孩，要哄、要骗、要教，照顾老人像照顾小孩。但也由于过度将老人比拟为小孩了，便误以为老人的生命任务与生命阶段有如小孩一样，处在无能、无知、无力的程度。若我们将老人视为孩子，我们就会将他们的行为解读为他们不懂事、在制造麻烦，都只是无理取闹。

我本来就反对以作势要打人的模样来恐吓小孩听话，儿童也有儿童的尊严与创造力，不适宜总以管教的态度来要求他们符合大人的期待。所以，我当然也反对以作势要打人的模样来叫老人听话。

责打与管教是最懒惰的做法。为了最快控制人的行为举止，最快掌握主导权与情境，责打与管教是最快使人臣服于强权之下的方法。这样的强权，不需了解弱势者的感受，不用关心他的心理状态，也不用在乎他行为背后的意义，处理过程的麻烦会减少很多，一切都是为了方便做事。

我们的社会常简化问题，简化情绪的处理，也十分轻忽与漠视每个人的心理感受与需求。这可能来自我们的学习：上一代对待我们的方式，我们不假思索、不去怀疑地继续沿用，以为这是好方法，也是唯一方法。也可能因为我们社会本来就缺乏生命教育与关怀，关于人生命的价值尊严、心理的需求，从没有好好探索、好好思考与重视。

如果社会用这一套僵化固着的模式对待生命，做所谓的关心与照顾，我们可想而知养老院照顾老人的服务员、学校照顾学生的老师、医院照顾病人的医师护士、孤儿院照顾失怙失亲儿童的辅导员、教会里照顾信徒灵性的牧灵人员，都有可能带着这种不自知却被实行已久的方式与态度，来“照顾”他们工作中需要面对的弱势者。

有一个老人在我认识他之前，因为轻微失智问题被送进了养老院。那是一个突然的决定，没有人跟他解释原因（不解释就表示不在乎他的意愿），家人丢下他就走。老人一开始被安排跟另一个有暴力倾向的老人同房，冷不防就被打、被踢，他吓得不敢睡觉，神智就更不清楚。大家发现状况不对后将他换房，虽然不用担心安全问题，但他想要回家、想要自由的愿望仍不得满足，于是他采取激烈的手段：当大门打开时，把人推倒，然后夺门而出。照顾员总要跟他一阵拉扯才能阻止他出走。有一天，他想从楼上跳下逃出，被发现而遭制止，从此他成为问题人物，照顾员觉得必须严管这个人，常对他大声吆喝，对他没客气过。那些人的工作哲学便是让老人感觉害怕，他们就不敢随意乱来。

我到这家机构工作，认识这位老人后，会找他聊聊，会问他住哪里，过去的生活是什么样子，怎么会来这里。

他见我和别人的态度不同，十分爱和我说话。他对我说他想回家，他不想住这里，在这里日子不好过。

我问他，在他心里好过的生活是什么样子？我想了解他心里在乎的感觉是什么。

他说："这里没有朋友，没有亲人，在这里好像等死。"他非常不明白为什么要来这里。

我花了一些时间让他注意自己的身体状况与限制，

也花了一些时间问他：喜欢做什么活动。

他总是皱眉摇头：“啊，没有用了……”

不过我没有就此放弃，我每天会和他打招呼聊几句，或者一起看电视讨论剧情，并引导他联想过去的生活经验。我们也常一起玩扑克牌，经过一些小提示，他常是赢我的。他也学会了玩跳棋，常和我一较高下。其实，安排活动是其次，重要的是和他互动的过程，是否能提升他的自尊与价值感。许多照顾员不明白我的用意，以为只是玩玩游戏就好，所以和他玩时，还真的力求要赢他。有的人还冷言冷语地说：“真好，你的工作就是陪他们玩玩游戏。”他们真的以为老人们像孩子一样喜爱玩游戏，他们不知道游戏本身并不是重点，游戏中带来的行为意义与社会参与的过程才是重点。老人爱的也不是游戏本身，而是游戏中的交谈、陪伴、感受刺激与情感联结。

在一段时间的相处与调适后，老人渐渐地不将自己视为外来者，他打开心认识了其他老人朋友，也渐渐对这个地方有了认同感。他的转变，表现在养老院大门被打开时的反应。

我刚认识他时，曾发生过他将我推开，强要出门的情况，这让我不得不提高警觉，生怕他有机会出走后失踪。但有一天，大门突然被误开，他正巧在大门边，他拉开了门，将头探了出去。那时只有我发现，我离大门还有一段路，我急急忙忙跑过去，好怕来不及阻止他走出去。

等我跑到大门边时，只见他将大门关上，然后回头对我说："没人来，大门怎么会打开？"

我惊喜不已，他的反应表示了他的归属与接受。

从那天后，我不再担心大门打开，我知道即使他在门边也不会用强烈的手段冲出去。有时，有人外出或离开，他还会送出门并关上门。

没有几个人知道这个改变，一些人的记忆还停留在过去他想跳楼、想冲出门的印象上。这些照顾员的心思没有办法仔细观察老人行为、了解老人心理，还是停留在控制与掌握生活作息层面的照顾。

后来，我决定离开这家机构。我不是主事者，没有改革的权力，我的全人关怀照顾理念，在这里并未获得支持与资源。我在离开前，必须跟和我有深厚感情的老人们告别，我也向这位有明显改变的老人告别。他有些难过，却祝福我，并希望我别忘了他，有时间去看看他。我答应他我会想他，有时间会去看他。他听完笑着说:“你说的，如果没有，你会肚子痛喔！”

我听后笑成一团，感觉很温暖。因为我知道他在表达舍不得我，同时也让我体会到人与人的关系和谐，生命与生命便会互相提升尊严与价值，这真是件美好的事。

这不就是照顾生命重要的信念与意义吗？不只局限于身体、饮食、睡眠的照顾，同时也关照生命的心灵需求，提升心灵的充实，让人的生命即使陷落，仍能感受到良善地尊重与对待。

理想国的迷思

建立一个人的尊严必须要付出许多关怀，并给予呵护；但要摧毁人的尊严，几乎不费吹灰之力。

忘记是在什么时候，台湾企业流行一种魔鬼训练，我在电视上看过报道，好像是从日本引进来训练胆量与不放弃精神的方法。接受这训练并不好过，你要被羞辱，许多人会用尽恶言恶语打击你、阻碍你往目的地去。若你坚持下去并能克服这过程中的困难与打击，你将得到成功与胜利的赞许。

我必须承认人的潜力无穷，人在困难痛苦的环境中会激发出不同以往的力量来面对逆境，人也会在跨越限制后，得到成长与喜悦的感觉。

但我也无法否认这样的训练方式让我觉得十分野蛮，把人的尊严丢弃，整个过程都遭到攻击与奚落。我很好奇当获得了最后的胜利时，除了觉得自己熬出头外，压抑下来的情绪、受伤的感觉能因此获得弥补吗？

这使我想起在读神学院时，有一年全校师生参加灵性退修会，学生会安排一个活动叫“理想国”。学生会在活动进行前一直保持神秘，不让任何学生看活动场地，不做任何关于活动的预告。

时间到了，全体学生被嘱咐要遵守游戏规则：不能谈话、要听从一切指令、不能中途离去。

他们搞得越神秘就越让人感到不舒服。我那时感觉自己像只待宰的羊，没有任何自主权。被迫交出自主权，这使我很不自在。

后来，我们一个个被安排依序走进一个空间，空间里不同的区域站着不同群的人，他们却有着共同的行为，就是斥责你、污辱你，将你视为敌人般地憎恨你，并指使你做些不可思议的事，像是跪下、重复做一个动作等，并要你陷害同伴以获取释放或免于责罚。

有些学生经历了巨大恐惧与耻辱，不断掉泪，但活动并没因此而结束，辱骂仍继续。有些男学生不能接受这种活动的形式，开始与主办的同学起争执，并鼓动大家拒绝进行活动。最后，所有参与的学生纷纷抗议，场面越来越激烈，活动终于暂停。

大家的情绪都十分激动，一些心灵受伤的学生迟迟不愿回到会场。学生会因为大家的躁动与愤怒而急于解释这次活动的用意，他们说，他们希望让同学体会没有尊严、没有权力、没有价值感，并且遭遇压迫与恐吓的感觉，越是体会到这种蛮横、没有爱与怜悯、没有尊重与安全的环境，我们才能明白什么是“理想国”，也才知道我们要创造什么样的社会、什么样的国度。

这活动的确有一番美意，也有深层的含意，但这过程并未经过审慎地考虑，没有顾及学生的个别感受，也没有设想若有人承受不住因而受伤该如何处理。

最后，学生没有因此谅解学生会，而是严正要求学生会日后不能进行类似活动。

这个经验给我很深刻的感受：建立一个人的尊严

必须要付出许多关怀，并给予呵护；但要摧毁人的尊严，几乎不费吹灰之力。这种毁灭的力量，似乎是与生俱来的，不用怎么学习，便能淋漓尽致地表现出来。倘若如此，生命尊严岂不应更谨慎、更细心维护？因为毁坏是这么容易，而建立是这么困难。

许多医疗机构与长期照护机构的宣传资料，皆特别强调机构人性化的照顾，并不停表达“珍惜所托”的心志，更高呼要维护银发族的晚年尊严与生活质量。

然而尊严与生活质量是最难测量出来的。政府实行许多机构评鉴，往往从一堆文字数据、相片、硬件规格来评量照顾质量。机构花了许多力量准备这些书面数据，评鉴单位也花了一堆力气读这些数据，文字数据越周全当然评鉴分数也越高，然而，被照顾者的感受与对生命的满意度该如何得知呢？在这些游戏规则里，受照顾者的尊严显然不是被关心的重点。

我在医疗机构与长期照护机构工作的日子，当然也必须服从这样的游戏规则，尽力保持完整的照顾记录，尽力和大家同心，以显现机构的优秀。只是，文字可以创造出被期待的形象，却不能显现现实中照顾的内涵。

讽刺的是，在现实中，我屡次体会到被照顾者如何一点一滴地失去尊严，如一种恶性循环：他们越是体会到无力维护，越是漠视自身感觉；越漠视自身感觉，就越不知自己需要的尊重是什么，久了也不知别人需要的尊重是什么。在我看来，那空间充斥诸多野蛮与剥夺行为，你要活在那儿，必须学会侵略与攻击，若你无力无能为自己发言争取权益，就只能被牺牲，被压抑。

集体被照顾的生活，时时刻刻都会要你交出尊严，这种集体，与其说是家的感觉，不如说是集中营的感觉。我好几次为老人家的尊严提出严正抗议，希望照顾者能将心比心，体会老人的需要，但却常听到这样的回答：“我们没有人力与时间多做什么，单单给他们吃喝就花一堆时间了。”

为此，身为社工师的我仍自愿在吃饭时间一同参与喂饭，如果多一个人力，让他们多一分耐心，这是值得的。

只是，无法将心比心地对待受苦生命的态度，并非一朝一夕能够改变。直到现在，我仍然看到令我心疼、感慨的画面。

吃饭时间,老人们有如作战般地吃饭,一口接一口,不能拖延。大家彼此不交谈,也不谈论菜色口味,免得惹照顾者生气。气氛十分严肃,有些没办法自己进食的老人,嘴里不断被推进食物,一口未吞下一口紧接而来。咳嗽声在用餐时总是不绝于耳。

老人们都知道,吃饭的时间不能拖太久,因为清理桌面地板者想尽快做完事好休息。照顾员甚至将应饭后食用的药丸直接丢到饭中,连个别给药与水的动作都省略。我常怀疑,药有没有给错,药有没有真的吃下去,似乎不重要。姑且不论药效,掺着药的饭,吃下去的味道如何、是否影响用餐质量,也不会获得任何关切。对社会大部分的人来说,患重病或长期疾病的人是家庭、社会的一种负担,他们已拖累太多人,花了太多社会成本,讲照护质量、讲这些人的个别需要与感受,有何必要。

许多次,我经过厕所时,总发现老人们如厕时并不关门,一切赤裸裸。并非他们卫生习惯不好。初期,他们会关上门,担心别人看,但照顾员往往不敲门、不说一声便开门进去洗拖把、洗毛巾,有些时候,因为一些人需要照顾员进去帮他们清洗私密处,照顾员一进一出间门就没关上了。老人们只好慢慢适应这种状况，见怪不怪，反正关上门也不必要，一下子就被打开了。若你太坚持自我习惯与想法，还容易被冠上“难照顾”、“很烦”的标签。

要活在团体中，便要学习适应与看人脸色，免得生活遇到太多冲突。这种社会化历程，想来在我们社会到老到死还是要继续下去的。

这不令人觉得可悲吗？个人基本的生活尊严都失去了，也不能谈个别需求与想法，活得像没有思想、没有感受的物体。老人们的生活既然感受不到善意与尊重，谈生命的意义也显得多余，他们只好把自己的日子当做是等死，等着一切结束。而旁人，蜻蜓点水般偶尔才来表示关怀的人，还奢望他们要快乐、要欢笑，高谈着快乐也是一天、痛苦也是一天，聪明的人会选择快乐过一天的论调。

老人们的笑容里隐藏着吐不出的辛酸与沧桑，多说出自己的感受，便会遭来“不知感谢”、“要求很多”的评语。

人只要有食物与水、吃饭与睡觉，的确可以活着，然而，也只是“活着”而已，而非“生——活——着”，每天的日子，体会不到“生”气，也体会不到爱生命的活力，一切如槁木死灰、了无生趣。

在一个不尊重生命、剥夺尊严的社会环境中，我们能冀望拥有什么幸福呢？谁能躲得过老化、迈向死亡之路呢？如果老了、病了的景况是如此，根本不能冀望拥有什么幸福与尊严，恐怕怕老、怕死的人一定会持续增多吧！

“看见”他所“看见”的

一旦我们轻率制止受照顾者的发言，不经意错过他们说出的重要信息，一个照顾者便会失去和受照顾者的对话机会，也会失去从他们话语中去“看见”他们心里经验到的世界。

有一晚，我和一位朋友相约见面吃晚餐，那位朋友曾是和我在同一医疗机构服务的同事，不同的是我是社工师，而她是护理师。她和我同时期离开医疗机构后，转入长期照护领域工作，在一间私人安老所担任护理师。

这一天，她的面容明显忧愁，说话急迫又愤怒。她说下午和所里一位老人的家属们沟通很不顺利，不舒服的感觉一直挥之不去。她的状态真是不好，想来吃饭也没有胃口，所以吃饭前，我想我们需要先关照这不明的情绪。于是，我先听她简单地告诉我来龙去脉。

事情源自于有位老人家近几个月有小碎步前冲及手抖的现象，近一两周还发生了两次跌倒事件。他们评估老人可能有罹患帕金森病的可能，所以联络家属，请家属能带老人至附近医院检查，做进一步了解。但家属的反应既不紧张，也不担心，好不容易在他们的要求下，家属愿意来带老人去医院做检查，医师诊察后表示需进一步检查以确定诊断，将会转介另一位医师诊疗。没有确定的诊断，没有药物的给予，让家属气急败坏地回安老所抱怨："为什么要让我们跑这么远？我们都很忙，你们不能代为送到离我家较近的医院去吗？不要让我跑这么远啊！我还要送儿子去竹科[①]面试，还要照顾先生，我们很忙，已经没时间了，跑了这一趟，医院却什么也没做。"

我的朋友不断地提出疑问："父母不重要吗？送儿

---

①"竹科"指台湾地区新竹科学园区。——编者注

子到新竹都可以了，跑一趟台北县不行吗？这是他们的父母，他们都不关心、不在乎，怎么期望别人能关心在乎？”

她满脸忧愁，几乎要落泪。

我问她：“你感受到什么？”

她说：“生气。”

我问：“你看到老人的反应了吗？你感受到什么呢？”

她更是难过，眉心深锁地说：“老人家很难过，他也感受到家人十分不愿意来，他很悲伤、很失望，频频对我说：‘没用了，人老了就是没用了。’”

“你听后的感觉呢？”

她停顿了数秒，好一会儿才说出来：“我觉得很难过，我以前听到老人们这么说时，都会鼓励他们，告诉他们：‘别这样想啊！人老了不代表没有用啊！也不会有人认为你们没有用啊！’”

“现在呢？现在有什么不同吗？”我问。

“现在，我深刻地感觉到他们的生命被遗弃、被忽视。他们身体不好了、不舒服了，需要有人帮忙，但现实是这么困难。我深刻地明白，他们常说自己没有用，感觉自我生命没有价值与尊严，不是消极、不是抱怨、不是想象，而是他们真实的体验、真实的感受。”

“这个经验似乎使你对老人的感受有深入的体会。你现在一定说不出以前常说的劝勉，因那些劝勉是外人建构的谎言，是我们没有深刻理解与体会他们的失落与悲伤，轻易说出的空虚、不切实际的安慰。”

她点点头。

之后，我响应了她。这份悲伤不仅来自于老人的悲伤，也来自于她本身的悲伤。我们在面对别人生命际遇时，会回射到我们身上，再次检视我们对于生命的认识与了解，我们会重新调整我们的认知所建构的价值、意义，我们本以为熟悉的世界会因此受到冲击，面临崩解与重建。

这是一个很深刻的经验，也是来自生命的教导，让我们的心胸更为开阔，对事情的认识、对人的认识更贴切与准确。

同时，我也告诉她，照顾人生命的工作，需要对生命、对死亡、对孤独与存在意义有深入的探索，也要累积自己生命的厚度，如此才能把美好的照顾理念、真心的关怀发挥出来，不致只是落入知识层面而已，失去了情感与生命力。所以无论如何，我们要肯定这是一个相当值得的经验，让我们不仅有了新眼光认识我们所照顾的生命，也真实感受到老人所体会到的感觉。

她回应我：“这真是一份难学的功课，最大的困难是由于我不想承认现实的状况是——生命老了，是这么孤独与痛苦；生命老了，要忍受别人的不耐烦与厌恶。我以为，老了该是生命的丰收，该是生命最为满足无憾的时刻。我想到我老了时，面对的是这样的光景就觉得哀伤与沮丧。”

我很为她高兴，因为她清楚知道自己的思想脉络，也清楚分辨出自己的情绪感觉。这是一个好的开始，能分辨出什么是自己需要处理的议题，什么是自己过不去的情绪感觉，而不会搅在事件中，在潜意识影响我们的行为反应。

而她的经验，也再次提醒我照顾生命要“看见”对方所“看见”的，也就是诚实地承认他的感觉，不是反驳，也不假装，或说一堆谎言。我们不能太小看生命的感受力，也不能企图模糊他们心中所在乎的感觉。对受照顾者来说，他们的感觉无论来自于自己过去经验的推论，或来自于社会环境因素的刺激，心里产生的感觉是真实的：感觉自己的无力、无助、无希望、生气、懊恼、沮丧……

以“善意的谎言”来否认对方的感觉，或以打发式的安慰企图终止对方的感觉，将使对方把疑虑或情绪放回心里，经过时间的发酵与自我验证、自我催化后，原本的情绪将转化为另一种更具破坏力的情绪，例如忧郁、暴怒、退缩。

在医院便常看见这种状况的发生与演变，特别在重症病房、安宁病房很常见。

当一位病人因自身疾病变化，或对疾病发展产生许多担心恐惧时，身边的亲人因自身的悲伤与焦虑无助，很可能制止病人说负面语言。但不只是亲人，医护团队和病人之间也常形成这样的互动模式。当病人压抑很久，鼓起勇气对医护人员说：“我觉得状况很糟，精神很不好，我的病是不是越来越差了？”许多医疗人员会响应：“不会啊！你看起来还好，你不要自己乱想。”

当然，这和我们的民情文化有关，我们的医疗、社会文化并不尊重病人有知的权利，当有坏消息时，也多倾向于隐瞒或拖延告知。事实上，疾病讯息总是家属知道得比病人多。但有趣的是，病人对于自己身体的变化，是最为敏感的，比任何人都清楚。所以是谁隐瞒谁，就很难说了。

如果，病人因内在资源与内在力量无法调适疾病治疗过程，无法将生病经验转化成一种帮助自己调整心态与生活形态的力量，他便会向外寻求资源，寻求支持与满足需要。

一旦我们轻率制止受照顾者的发言，不经意错过他们说出的重要信息，一个照顾者便会失去和受照顾者的对话机会，也会失去从他们话语中去“看见”他们心里经验到的世界。

我曾在工作中认识一位因糖尿病而截肢的老婆婆，手术结束后，家人因疲于照顾，又没有足够人力，于是将她送到养老院。送进养老院后，老婆婆不只面对截肢的失落，又得面对离家的失落，我非常担心，常到她的房间探望她。她非常难适应这样的安排，所以一直哭着要见儿子，要工作人员打电话叫儿子带她回家，机构的工作人员连哄带骗地说：“儿子来过了，只是你在睡觉，所以没有叫你。”

我觉得老婆婆的状况需要加以注意，不只工作人员，家属也应当在这非常时刻多花些心力。

我与家属沟通，把老婆婆的失落感与心理危机告知家属，请家属辛苦一点，常来看老婆婆。却没料到，儿子一到老婆婆面前就敲着她的头，又推她的下巴直说：“你不乖，对不对？乱说话，说我没来看你，你怎么这样乱说话！”

我急忙制止他，并告知他这么做很危险，老婆婆可能会受伤。

同时，我看着老婆婆头越来越低，越来越不说话，然后一天比一天消沉，终日连吃饭时都闭着眼，我便知道她已自我放弃，生命对她来说，不具有任何意义了。

她不再说话、不再哭，照顾员也放下了心，觉得不再这么难照顾。我却觉得悲伤与难过，我知道这不表示她适应成功，也不代表她释怀，只是她不再让人“看见”她心里所经验的世界，也没有人可以再唤起她的生命动力。与其说是她自我放弃，不如说是社会放弃了她更为贴切吧！

超越死亡

死亡，可以说是人生里的最后一个超越——超越肉体的限制、超越失去所有拥有物的痛苦、超越对未知（死后世界）的恐惧与疑惑、超越对自我生命意义的怀疑……

记得大约四年前我出版了一本描写临终病人在死亡前的心情感受的书《死亡如此靠近》，有位长辈拿到书后回应我："生活已经够难过了，为什么还要说些这么恐怖的事？"

我不讶异，这是社会面对死亡的态度。

在生活中，人们很少谈到死亡，也很少为了死亡而想要做什么准备与了解，大部分的人都觉得既然死亡终究要发生，何不留到死亡那一刻再来面对就好，提早面对，不是破坏好心情吗？如果我们再更深入地了解人们的想法，其实，这样的排斥是因为人们非常恐惧死亡，因为死亡无法逆转、无法抗拒，也无法讨价还价，而发生的过程，是那么地使人感觉无能为力与无助。没有人想经历这样的时刻。

从我踏进安宁疗护领域工作后，许多人一知道我的工作是陪伴、照顾晚期病人与其家属的社会心理需求的社工师后，纷纷对我表示："你真了不起，能做这样的工作！"或者说："我才没办法做这种工作，一看到他们，我可能比他们还难过，比他们哭得还厉害。"

每当听到人们的恭维或感想后，我总是不断尝试告诉他们，这工作并不伟大，无须神化我的工作角色，这工作其实充满学习与收获，因为死亡不是某些人才会遇到，而是每个人都会遇到。今天我们看到一些人罹患重病，历经了无数的痛苦，躺在病床上忍受身体与心灵的折磨，或许哪一天，躺在病床上，忍受各种痛苦，受到死亡威胁的人就是我自己。与其说我们帮助那些人面对死亡威胁、和世界告别，不如说是这些人展现了一种面对死亡的态度与超越死亡的力量来让我们有所学习，让我们学会如何为告别做准备，也学会如何将生命好好活着，好让死亡来时，我们能从容面对，而不慌乱。

人一生中，每个生命的发展阶段，都在学习超越自我：超越自己的体能、超越自己的心智、超越自己的情感意志、超越昨日的旧我。借着不断超越，我们得以完全实现自己，也将生命能量发挥尽致。而死亡，可说是人生里的最后一个超越——超越肉体的限制、超越失去所有拥有物的痛苦、超越对未知（死后世界）的恐惧与疑惑、超越对自我生命意义的怀疑……

既然超越的任务如此沉重，学习认识死亡与超越死亡，就不该留在死亡那一刻再来面对才是。

现代的媒体不断放送死亡的镜头：新闻里的各种死亡事件、连续剧里的死亡情节、电影里的死亡画面……照理来说，这些应该扩充我们对于死亡的认识，也该让我们体会生命的无常与有限，好让我们能够调整生活的态度，好好追求生命的意义与永恒的价值。

但事实却相反。为了应付不断出现的死亡画面与情节，我们将自己的心思意念抽离，然后渐渐麻痹，死亡看似无时无刻不在发生，却没几个人真的在意，人们已分不清看到的画面是现实生活的情节，还是虚拟的世界。无论如何，都是遥远的事。除非身边的人、很亲近的人死亡，我们才会感受到震撼与冲击。

有一回，我对一群大学生进行一场临终关怀的演讲，过程里，我问他们："如果生命只剩六个月，你会如何安排？"有同学回答我"打游戏"、"购物"、"做自己不敢做的事"，只有一些人回答他们将如何安排对他们具有意义的事，能让他们走得心安、让他们无憾、能让所爱的人保有爱的事。

对大部分的年轻学子而言，许多人无法想象死亡的过程，也无法想象对人的冲击与对生活的毁坏，对死亡的概念其实是扁平的，没有内容、没有厚度。

这是多重因素影响下的结果，我们好像很熟悉死亡（常常听到、看到死亡事件，并且越来越多人有求死的行为），但我们又对死亡这么陌生（将死亡当做一种手段与方法，却忽略死亡对于生命有重大的意义）。

死亡，该是生命的巅峰时刻。

我们诞生后，经由不断学习、经验，获取认识世界、认识自己的心得，也在这过程里不断成长，无论是经历各种患难或成就，或经历各种情感波澜，我们都在证明自己生命的存在，也在追寻存在的意义。一生的追寻、一生的造就、一生来来回回的经验与学习，都将在死亡的时刻得到最终的意义，经由死亡，每个人的生命将在此刻做一生的总结。

如果，我们在人生的过程里学会开放心胸来经验世界，学会不偏执在自己的认知里而能接纳不同于己的人，也学会扩展心灵的限度并学会爱人与接受爱的真谛，更找寻到真我、展现出完整的真我，那时，死亡将是丰收时刻，也是透彻人生、了悟人生的最终时刻。

这样的死亡，才能超越肉体的限制、超越失去所有拥有物的痛苦、超越对未知的恐惧与疑惑、超越对自我生命意义的怀疑。

因为，死亡是灵魂飞越到另一个空间（世界）的中途关卡，也是对完满、无憾的一生画下重要的句点。

在陪伴许多人面对他们的死亡时刻后，我渐渐知道，死亡之前的生命岁月，是生命之主给人的机会，为了让我们经由寻找与学习的过程，来成就自身的自我实现，也来创造自己的生命故事。遗憾的是，不是每一个人都能在死亡之前，成为他想成为的人，或经验他想经验的生命，许多人其实是遗憾、不甘心与失望，甚至有些人是惊慌、失措与怨怼。

如果有足够的机会、时间，相信人都希望自己回顾一生的生命时，是感觉到完满与无憾的；面对死亡，是感觉到宁静与安详的；面对离别，是带着爱与祝福的。这样的人生才不至于无谓，这样的死亡才不是失败与毁坏。

如果，人可以意识到死亡终究会到来，可以意识到生命本身就有属于它的时间表，也可以意识到我们没有太多的“以后”与“下次”，我们是不是可以了解，每个当下才是真正可以掌握的机会，每个经验都能让自己去展现更完整的自己，每段关系都能付出更多的关爱与呵护，每次的选择与决定都能不制造遗憾。

过往在安宁疗护领域工作的历程中，我总是把一个个的生命故事珍贵地收藏在我内心。对我来说，他们生命结束时的状态与心境，成为我对于自身生命的提醒，就如心理治疗大师欧文·亚隆（Irvin Yalom）所说：“死亡看似毁灭，却同时拯救生命。”借着他们的生命历程、死亡时刻，我可以清楚地感受，唯有经验到生命与心灵的巅峰，人才能跨越痛苦与折磨。这巅峰可能是内在充满爱，可能是一份满足与安然，可能是一种前所未有的和谐与宁静，无论如何，都是安心恬静地离开人间、离开至亲挚友。我因此提醒自己，在我的死亡时刻到来之前，我愿意学会好好活着，愿意学会修复关系与心灵的伤痛，也愿意学习面对自己生命的终了。

所以，临终关怀或悲伤辅导工作，并没有带给我对生命的绝望与哀愁，也不是让我心生害怕或麻痹，而是让我善用生命活着的时间，也珍惜每一次相遇，更让我在能陪伴别人的脆弱与低落时，有力量包容自己的脆弱与低落。

许多人认为临终照顾工作是没有成就感，也没有意义的,所以纷纷逃避。在一次和护理学院学生对谈时，一个护理学生问我:“成就感从何而来？那些人最后都死了、消失了，有什么好让你觉得有成就的呢？”

在我回答之前，我反问她:“你认为人死后、消失后去哪里了呢？”

她耸耸肩，不是很确定地回答:“天堂或是地狱吧！”

我又问她："你心里是怎么分别天堂与地狱的？"

她回答："做善事或做恶事决定一个人去天堂或地狱。"

我肯定了这么一个具有宗教性与道德性的答案有它某个层面的意义，但我也分享了我心里怎么看一个病人死后是去了天堂或地狱，这也和我如何看待自己的工作意义有很大的关系。

我告诉那天在场的学生，我们其实不是这么肯定天堂、地狱的模样，也不确定它们究竟在哪里。但在我的工作经验中，当我发现一个病人在死亡那一刻前，他做好准备去面对这巨大的失落与未知，并且当他回顾一生时，他与自己、他人、环境、天地的关系都修复了、和谐了，他不再有巨大的毁灭情绪，他感觉到生命的平静与满足，然后充满爱地离开，他的面容是安详温和的，微笑着有如深沉地睡去，这一个病人便创造了天堂的意义。我们不只感觉到他通往天堂去了，他的家属虽然失去他，却也能在往后没有他的日子里感受到天堂的存在。

相反，一个人在离世前充满了遗憾、沮丧、伤心，甚至怨恨他人、环境、天地，也无法接纳自己，他的面容同样会显露他内心的状态：绝望、痛苦、无奈、恐惧、怨恨，那时，他便置身于地狱中，他身边的家属从那一刻起也将一同体会到地狱，身处于人间地狱中。

而我的工作意义便是致力于天堂的实现：让病人的离开是一种安详与恬静，让人可以在离世前不是感觉自己一身的不足与破碎，而是能感觉自己的完满与完整。也只有如此，人才有足够的力量来超越死亡的巨大威胁，面对巨大的失落与告别。当病人如此告别人间时，他的勇气与祝福才能传递给他的亲人挚友，让他们深信死亡不是毁灭，而是另一种生命的延续。

每一个人都需要超越属于他的死亡，医疗助人工作者不仅需要超越自己的死亡，亦需将工作的意义超越死亡，如此，我们才不会舍弃看似没有希望、濒临生命终点的人们，一味地认为自己没有什么可做的了，只能无能为力地等待一切结束。但也不只是医疗助人工作者，死亡的议题、生命的探讨是每个求助者、需要关怀的人皆可能碰触到的生命议题。如果助人工作者在生命与死亡的议题上多些敏感、觉察与思考，或许能促进人们重拾与生俱来的内在力量来调整生活，更知道如何实现自我与超越死亡。我相信助人工作者的生命会因这样的经验与历程而获取回射而来的成长，我相信这样的成长所带来的意义与价值绝对超越死亡。